La bibliothèque Gallimard

Mathieu Meyrignac tient à remercier Isabelle de Ren, Mariane Fœillet-Perruche et Olivier Decroix.

Mathieu Meyrignac, ancien élève de l'École normale supérieure et agrégé de lettres modernes, est professeur en classes préparatoires scientifiques au lycée Richelieu, à Rueil-Malmaison.

Mathieu Meyrignac

L'argent

Avec toute mon amitié
et mon affection,

Ton ami
Mathieu

La bibliothèque Gallimard

Ouvertures

A-t-on jamais autant parlé d'argent qu'aujourd'hui ? La crise que traverse en ce moment l'économie mondiale et son traitement médiatique massif nous incitent peut-être à penser que non. Mais nous aurions tort : l'argent n'est pas le thème réservé de l'actualité financière du XXIe siècle. Aucune époque n'a jamais été exempte des questionnements que l'argent provoque : les plus anciens textes écrits que nous possédions sont pour la plupart des documents comptables ou marchands. Bien sûr, l'évolution historique, dans ce domaine comme dans d'autres, a considérablement transformé les rapports des hommes à l'argent, et notre époque lui donne une place par définition spécifique. Mais il n'en reste pas moins vrai que l'argent constitue un élément invariablement présent et influent de la vie humaine.

La littérature et la philosophie ont donc, naturellement, traité du sujet. On devine cependant que ce traitement ne prendra pas la même forme ni n'aura les mêmes objectifs selon qu'il s'agira d'une comédie classique (*L'Avare*, de Molière), d'un roman naturaliste (*L'Argent*, d'Émile Zola) ou d'un traité philosophique (la *Philosophie de l'argent*, de Georg Simmel). En rapprochant trois textes si divers, le programme proposé forme un champ qui nous permet d'explorer, d'évaluer, d'analyser la présence de la réalité pécuniaire dans la pensée et dans l'art. En outre, ce sont des phénomènes psychologiques, moraux, sociaux, politiques qu'il s'agit d'étudier et de hiérarchiser dans ces œuvres.

Pour ce faire, il semble préférable de mener, de manière séparée, une approche par les œuvres (trois développements distincts dans une première partie) et une approche par le thème (où les principaux enjeux sont abordés en rapprochant les œuvres entre elles et en élargissant les références littéraires et culturelles). Il s'agira enfin d'aborder des questions méthodologiques : l'exercice de la dissertation nécessite en effet non seulement de connaître les règles de l'épreuve mais aussi de se voir proposer un exemple développé qui permettra de se forger une idée plus précise de ses attendus.

Perspective 1

Présentation du corpus

L'Avare, de Molière
(édition choisie : La bibliothèque Gallimard n° 66)

L'Argent, d'Émile Zola
(édition choisie : Folio classique n° 1222)

Philosophie de l'argent, de Georg Simmel
(édition de référence : Quadrige, PUF)

L'Avare (1668), de Molière

L'Avare est aujourd'hui l'une des comédies les plus connues de Molière. Souvent étudiée, en classe ou à l'université, elle a donné lieu à de célèbres interprétations du rôle d'Harpagon (Charles Dullin, Jean Vilar, Michel Aumont, Louis de Funès, Michel Bouquet…) et certaines répliques ou situations qui s'y trouvent font aujourd'hui partie du patrimoine culturel commun. Cependant, elle marque un échec dans la carrière de son auteur. La première représentation a lieu le 9 septembre 1668 à Versailles, et malgré la qualité comique de la pièce, elle ne remporte pas le succès escompté, à la grande surprise de Molière. On reproche à son auteur d'avoir écrit en prose, alors qu'il s'agit d'une « grande comédie » en cinq actes et qui, à ce titre, demanderait à être écrite en vers, comme *Le Misanthrope* ou *Le Tartuffe*, d'avoir représenté un type comique – Harpagon, un avare caricatural – plutôt qu'un personnage réel avec ses contradictions et son humanité, mais aussi, sans doute, même si cela n'est pas formulé de façon claire, d'avoir parlé d'argent dans une pièce de genre noble, un sujet vulgaire qui, s'il alimente toutes les affaires de Versailles, choque lorsqu'on en parle à haute voix.

Pour autant, Molière n'innove pas en mettant en scène un avare. Il s'est inspiré, notamment, d'une pièce du dramaturge latin Plaute (254-184 av. J.-C.), *L'Aululaire* (littéralement « La Marmite »), écrite vers 190 avant J.-C., et qui met en scène Euclion, personnage de vieil homme auquel Harpagon empruntera certains traits de caractère : comme le personnage moderne, bien sûr, il est avare, il soupçonne ses serviteurs de vouloir le voler, il est tenté de marier sa fille sans dot et cache son or en dehors de sa maison, dans une marmite qui ressemble, de par sa fonction, à la « cassette » du XVIIᵉ siècle. Sur la scène française non plus, l'avare n'est pas un nouveau venu. Pierre de Larivey (1540-1612), dans *Les Esprits* (1579), met en scène Séverin qui doit lui-même beaucoup à Euclion ; François de Boisrobert (1592-1662), dans *La Belle Plaideuse* (1655), crée un personnage d'avare célèbre à l'époque, Amidor. En dehors même du théâtre, on retrouve l'archétype comique de l'avare dans une fable de Jean de La Fontaine (1621-1695), « L'avare qui a perdu son trésor » (IV, 20), inspirée du fabuliste grec Ésope (VIIᵉ-VIᵉ siècle av. J.-C.), et dont la situation rappelle le célèbre monologue de l'acte IV de *L'Avare*. De même, Nicolas Boileau (1636-1711), dans ses *Satires* (1660-1711), s'inspire du poète latin Horace (65-8 av. J.-C.) pour dénoncer l'avarice en créant un personnage type dont il montre que le défaut est largement partagé dans la société de son temps (*Satire* IV).

Ce serait cependant réduire l'art de Molière que de voir dans sa pièce une simple adaptation de modèles antérieurs. Quand Plaute fait de son personnage un pauvre bougre dépassé par une fortune inattendue et qui finit par se repentir de sa folie, Molière, lui, donne à l'argent une signification bien plus complexe et, en réalité, bien plus morale, et son Harpagon n'est pas sauvé par la comédie. C'est que, pour le dramaturge, l'argent est plus qu'un simple outil économique : il a une fonction sociale et morale, il donne du pouvoir et des devoirs. Et Molière entend mener à son terme la logique du mésusage de l'argent qui ne concerne pas seulement, tant s'en faut, le protagoniste.

Harpagon, avare total

Un type comique – Grande comédie de mœurs, *L'Avare* est fondée sur le comique de caractère, qui dénonce en les mettant en scène les faiblesses humaines. On peut se souvenir d'une définition du genre que la tradition a souvent attribuée à Molière : la comédie châtie les mœurs par le rire (« *castigat ridendo mores* »). Le spectateur doit apprendre à condamner les vices mis en scène, voire les reconnaître en lui avant de s'employer à les corriger. Ainsi, le personnage devient un « type », c'est-à-dire le symbole même du trait de caractère que l'auteur entend ridiculiser (on retrouve cette typologie comique dans le théâtre antique, et notamment le théâtre latin, ainsi que dans la commedia dell'arte italienne, très en vogue en France au XVIIe siècle).

Le caractère exagéré des figures occupant la scène a deux consé-quences majeures : d'abord la simplicité de la caractérisation elle-même qui permet au spectacle d'atteindre tous les publics, ensuite une grande force comique née de la connivence avec le spectateur (les vices condamnés font l'objet d'un consensus). On a même pu parler, à pro-pos de cette fonction de régulateur des rapports sociaux qu'endosse la comédie, de « *catharsis* comique », puisqu'elle nous purge des travers humains en les exagérant.

Nul doute qu'Harpagon soit un « type » comique. Le titre même de l'œuvre va dans ce sens : l'avarice « dévore » l'identité du personnage désigné et défini par ce seul trait de caractère. Le processus inverse, qui assimile le nom du personnage à son avarice au point d'en faire un nom commun (effet d'antonomase), vient également de ce mode comique : ne peut-on pas dire « un harpagon » pour parler d'un grippe-sou ? Une première antonomase, mais inverse, avait d'ailleurs conduit Molière à choisir un nom significatif pour son avare, *harpago*, en grec, signifiant « grappin ».

Il faut dire que notre vieillard, d'un point de vue psychologique (si l'on écarte l'intrigue amoureuse sur laquelle il faudra d'ailleurs revenir), n'est qu'avare, partout, en permanence et envers tout le monde. La construction de l'œuvre semble d'ailleurs confirmer ce projet *analytique* d'exploration de l'avarice, puisque l'enchaînement des scènes semble parfois gouverné par le désir de montrer toutes les facettes du vice d'Harpagon. Si Molière, en dramaturge classique, lie tous les éléments de l'intrigue entre eux, ce lien est parfois ténu (par exemple, le rôle de Maître Jacques dans le dévoilement de la véritable identité de Valère) et paraît surtout justifier une suite de saynètes où la rage caricaturale du protagoniste se fait jour avec force. Harpagon fait en effet face à ses enfants, à ses domestiques, à Frosine l'entremetteuse, à la jeune fille qu'il convoite, au commissaire, ou encore à Anselme qui, véritable deus ex machina, unifie l'action, en ayant la même attitude, les mêmes préoccupations, la même obsession : l'argent. C'est ce comportement monolithique qui en fait un type comique. Son sens du détail est saisissant : il ne veut pas, par exemple, que l'on frotte trop fort les meubles de peur de les user (III, 1), ou encore, il prescrit à son fils au bord du malaise comme seul remède d'aller boire un grand verre d'eau (I, 4). D'ailleurs, il prononce les derniers mots de l'œuvre, qui montrent à quel point il n'a absolument pas varié au cours de la pièce : « Et moi, voir ma chère cassette » (V, 6).

Inquiétude, solitude – Mais si Harpagon ne varie pas dans son attitude, il doit faire face aux conséquences de celle-ci. Et Molière nous montre ce qu'il en coûte d'être obsédé par l'argent : le vieil homme a peur, il est maintenu dans une angoisse perpétuelle, celle d'être dépossédé. L'avare est condamné à craindre pour son magot, du fait même qu'il l'investit d'une importance excessive. La première leçon que nous donne le dramaturge moraliste c'est qu'on craint toujours de perdre ce que l'on aime avec excès, et que cet excès devient d'autant plus douloureux que l'objet de notre amour est susceptible d'être convoité, qu'il est synonyme pour chacun de la plus grande des richesses. Au fond, ce que l'avare craint par-dessus tout, c'est l'avarice, la convoitise de ses semblables. Harpagon, dès son entrée en scène, se montre caricaturalement inquiet : « Je tremble qu'il n'ait soupçonné quelque chose de mon argent », dit-il en aparté face à La Flèche (I, 3). Il avoue même un peu plus loin, lorsqu'il se retrouve seul sur le plateau : « Certes ce n'est pas une petite peine que de garder chez soi une grande somme d'argent » (I, 4). Cette peur panique l'oblige à ne jamais rester éloigné de son or, à vérifier qu'il est à sa place, comme lorsqu'il s'apprête à converser avec Frosine : « Attendez un moment ; je vais revenir vous parler. (À part.) Il est à propos que je fasse un petit tour à mon argent » (II, 3).

De même, la folie d'Harpagon et sa peur incessante le coupent du monde et l'isolent. La présence d'autrui l'importune voire l'inquiète. Dès la première scène où il apparaît, il essaie de se défaire de La Flèche qui le suit. En essayant de protéger son lourd secret, Harpagon se rend vulnérable et le risque de laisser échapper quelque chose est constant : « Ô Ciel ! Je me serai trahi moi-même » (I, 4). Centre de l'attention, présent dans la grande majorité des scènes (vingt-trois sur trente-deux), Harpagon est pourtant seul contre tous, et son unique allié, Valère, s'avère en définitive être de la partie adverse. Lui-même rejette le monde entier, tout individu étant par définition suspect de vouloir le voler. Ainsi lorsque la cassette a disparu : « Je veux faire pendre tout le monde », clame-t-il dans son délire (V, 7). Plus encore, Harpagon est seul sur la scène car l'argent y est absent : sans cesse évoqué, réclamé, refusé, objet du désir de tous, l'argent ne paraît jamais et reste cantonné en coulisse. Plus que d'une réalité matérielle, c'est de passions, au sens classique du terme, que nous parle Molière.

L'argent, alter ego – Il faut comprendre que du point de vue de l'avare, selon Molière, l'argent est infiniment précieux, au-delà même de la richesse qu'il suppose : les sentiments qu'il montre envers son butin sont ceux que l'on réserve d'ordinaire à un être humain. Que l'on se souvienne, bien sûr, du célèbre monologue de l'acte IV : « Hélas ! mon pauvre argent, mon pauvre argent, mon cher ami ! » (IV, 7). L'avare n'a en fait de sentiments qu'envers son or, qu'il perçoit presque comme un objet d'amour : « et puisque tu m'es enlevé, j'ai perdu mon support, ma consolation, ma joie ; [...] sans toi il m'est impossible de vivre ». Comme le fait remarquer Jacques Scherer (*La Dramaturgie classique en France*, Nizet, Paris, 1973), Harpagon après le vol de sa cassette « est aussi malheureux que les innombrables héros de tragi-comédie ou de tragédie qui déplorent la perte, réelle ou fictive, de leur "maîtresse" ».

Allons plus loin : la disparition du magot signifie la mort du personnage. La célèbre gradation « Je me meurs, je suis mort, je suis enterré » (IV, 7) montre à quel point Harpagon s'identifie à son argent ; plus que sa raison de vivre, ce dernier est sa vie elle-même : en accusant Valère, il n'hésite pas à parler d'un « assassinat » (V, 3). C'est bien que l'argent devient un alter ego pour l'avare, le siège de sa personnalité et de son identité. Il l'entoure de soins qu'il se refuse à lui-même (lui qui s'habille de façon démodée et qui mange de façon économe) ainsi qu'à tous les autres humains. Tout entier pris dans le sentiment de la possession, le seul qui lui donne de la joie, il est privé de lui-même quand arrive la dépossession.

L'argent, enjeu moral et social

L'imprégnation morale et métaphysique que revêt l'argent au XVIIᵉ siè-cle est sensible dans les œuvres picturales appelées «vanités», natures mortes où figure un crâne pour rappeler à l'homme vain qu'il doit mourir : il n'est pas rare de noter la présence, parmi d'autres symboles de l'orgueil dérisoire de l'homme, de pièces d'or et d'argent (c'est le cas, par exemple, dans le célèbre tableau de Jacob de Gheyn [1603], *Vanitas*.)

Les devoirs d'un père – De bien des points de vue, Harpagon est en marge des normes qui régissent la société de son temps. Son obsession de l'argent le détourne des devoirs qu'un homme dans sa position doit remplir, au premier rang desquels se trouve son devoir familial. Père indi-gne, «dénaturé» (pour reprendre l'expression d'Élise Dabouis dans l'édi-tion de «La bibliothèque Gallimard»), l'avare prive ses enfants du bien qui leur est nécessaire et provoque leur honte : «Car enfin, demande Cléante, peut-on rien voir de plus cruel que cette rigoureuse épargne qu'on exerce sur nous, que cette sécheresse étrange où l'on nous fait languir ? » (I, 2). Pis encore, il prend un vif plaisir, marqué par le comique de répétition, à imaginer marier Élise «sans dot» (I, 5), ce qui, pour une jeune fille du XVIIᵉ siècle, signifie presque à coup sûr qu'elle ne trouvera pas d'époux, ou bien qu'elle devra accepter l'homme quel qu'il soit qui voudra d'elle. C'est d'ailleurs ce qu'Harpagon parviendra à imposer à Anselme lorsqu'il s'agira d'organiser les doubles noces finales : «Je n'ai point d'argent à donner en mariage à mes enfants» (V, 6).

Mais le vieil homme va plus loin que cela, et sa folie de l'argent l'éloi-gne de façon encore plus radicale de la place qui sied à un paterfa-milias. Perdant toute mesure et tout sens de ce qui est socialement acceptable, Harpagon croit pouvoir défier le temps lui-même. Certes Molière ne crée pas un lien explicite entre la cupidité du personnage et son intention d'épouser une toute jeune fille, il fait établir par l'avare une équivalence entre gain financier et plaisirs du mariage : «Ce qu'il y a à dire, c'est que si l'on n'y trouve pas tout le bien qu'on souhaite, on peut tâcher de regagner cela sur autre chose» (I, 4). Ce faisant, il montre qu'à ses yeux l'épousée n'est guère plus qu'un objet de tran-saction qui peut s'estimer de façon pécuniaire. Par conséquent, il ne semble pas conscient du fait que son âge devrait lui faire renoncer à ce mariage. Son narcissisme lié au plaisir de la possession lui fait considérer les jeunes gens, et donc son fils, comme des rivaux, « avec leur ton de poule laitée, et leurs trois petits brins de barbe relevés en barbe de chat, leurs perruques d'étoupes, leurs hauts-de-chausses tout tombants, et leurs estomacs débraillés » (II, 5). Pris dans son délire de puissance, celui de l'homme qui pense que tout s'inscrit dans la hiérarchie de l'argent, Harpagon est guidé par son seul désir, par sa vanité (illusion de sa propre valeur fondée sur une richesse essentiellement transitoire), et ignore ses devoirs familiaux.

Tenir un rang – Le vieil avare de Molière est également incapable de faire face à l'ordre social en dehors de sa maison. Bourgeois s'étant enrichi par son travail, il ne permet pas que son logis ait le train que l'on attend d'une telle position. Ce qui aujourd'hui pourrait paraître comme un choix d'existence était, dans la France de 1668, bien moins envisageable. La présence dans une classe sociale et économique donnait des obligations et notamment celle de dépenser de l'argent en proportion du niveau de vie que suppose cette classe. Les « habits raisonnables » que veut porter Cléante (I, 2) sont ceux qui conviennent à son statut. La scène où Harpagon réunit ses domestiques (III, 1) est de ce même point de vue édifiante. Il est évident que, du point de vue des serviteurs, la maison manque du lustre qu'ils pensent nécessaire ; c'est notamment le cas de Maître Jacques, qui se permet parfois de dire tout haut ce que le reste de la domesticité n'ose faire entendre : « Bonne chère avec peu d'argent ! » D'ailleurs, le jeu de scène des habits de cuisinier et de la casaque de cocher est sans doute une tentative de la part de Maître Jacques pour montrer à Harpagon qu'il est excessivement économe de donner au même homme deux charges si différentes.

Cette incapacité à tenir son rang, Harpagon la paie socialement, par la réputation qui est la sienne, celle qu'évoque l'imprudent cuisinier dans une tirade provocatrice : « Vous êtes la fable et la risée de tout le monde ; et jamais on ne parle de vous, que sous les noms d'avare, de ladre, de vilain et de fesse-mathieu » (III, 1). Harpagon, d'ailleurs, sait combien cette image publique est en contradiction avec la conduite que sa position sociale implique, comme le montre sa réaction : « Apprenez à parler », dit-il, alors qu'il bat Maître Jacques, ce qui signifie qu'il ne veut surtout pas entendre ce qu'il sait être trop vrai.

Harpagon usurier – La pire des entorses que l'avare fait aux devoirs sociaux de son temps est sans nul doute la pratique de l'usure, prêt d'argent à intérêt (la plupart du temps élevé), interdite par l'Église depuis le Moyen Âge. C'est ce qui fait d'Harpagon un vrai *paria* dans l'esprit du public du XVIIe siècle, mais aussi dans l'esprit des autres personnages. Que l'on songe à une réplique de Cléante, lorsqu'il découvre la coupable occupation de son père : « Qui est plus criminel, à votre avis, ou celui qui achète un argent dont il a besoin, ou bien celui qui vole un argent dont il n'a que faire ? » (II, 2). C'est bien d'un *crime* qu'il s'agit, ou pour reprendre de nouveau le discours de Cléante, d'« usures […] criminelles » qui montrent à quel point la passion de l'argent d'Harpagon le détourne de la norme sociale. Il est d'ailleurs significatif que le vieil homme, conscient d'enfreindre une règle importante, utilise un discret « courtier » (II, 1) pour cette activité, Maître Simon. Comme le dit La Flèche à Cléante, évoquant l'usurier dont il ne connaît pas encore l'identité : « Il apporte encore plus de soin à se cacher que vous, et ce sont des mystères bien plus grands que vous ne pensez » (II, 1).

Or, malgré cette conscience, Harpagon n'estime pas sa « faute » à sa juste valeur et pense, par exemple, que les emprunts que contracte son fils sont bien plus graves, à l'inverse même des valeurs établies (qui condamnent bien plus durement le prêteur que l'emprunteur). Vilipendant son fils avec dureté, il ira jusqu'à se proposer de mieux surveiller Cléante : « Ce m'est un avis de tenir l'œil, plus que jamais, sur toutes ses actions » (II, 2). La symétrie qui marque le dialogue entre les deux hommes dans cette scène montre, en fait, à quel point leurs échelles de valeurs sont différentes (« Comment, pendard ? » / « Comment, mon père ? », « C'est toi qui… » / « C'est vous qui… », « Oses-tu bien… » / « Osez-vous bien »).

Une comédie de l'égoïsme

L'héritage révélateur – Il ne faut cependant pas croire que la cruauté de Molière s'arrête au seul Harpagon. L'obsession du vieillard en fait le personnage le plus visible, le cœur du dispositif comique. Mais les autres personnages ne sont pas, tant s'en faut, exempts de cupidité. Au fond, c'est une comédie de l'égoïsme que cet *Avare*, où chacun se montre jaloux de ses seuls intérêts individuels.

La question de l'héritage constitue un bon exemple. Si Cléante veut se montrer comme un bon fils victime de la « lésine » de son père, il n'hésite pas à annoncer à Maître Simon qu'il attend la mort de ce dernier pour bientôt : « Il s'obligera, si vous voulez, que son père mourra avant qu'il soit huit mois », rapporte le courtier à Harpagon (II, 2). Il va même plus loin face à son valet, et affirme : « Voilà où les jeunes gens sont réduits par la maudite avarice des pères ; et on s'étonne après cela que les fils souhaitent qu'ils meurent ! » (II, 1). Frosine, elle aussi, essaie d'estimer combien il reste de temps au vieil homme, pour essayer de rassurer Mariane : « Il serait bien impertinent de ne pas mourir dans trois mois » (III, 4). La jeune fille elle-même semble s'intéresser à cette donnée, remarquant tristement que « la mort ne suit pas tous les projets que nous faisons ». Le « rapace » est donc bien lui-même l'objet de convoitises qui ne se dissimulent guère. Cela en dit long sur une maison sans véritable chef, sans figure incontestable d'autorité : l'unité familiale est rompue et chacun travaille pour sa propre cause. À l'inverse de la famille d'Anselme, qui se reconstruit à l'acte V lors des scènes de reconnaissance, celle d'Harpagon se décompose.

Frosine : tout est argent – Le vieil homme n'est pas le seul personnage de la pièce à faire de l'argent la mesure de toute chose. L'entremetteuse Frosine, dans un autre registre, développe la même théorie à la scène 5 de l'acte II. Ainsi, lorsqu'elle essaie de faire passer la modération de Mariane pour une richesse positive en lui attribuant douze mille livres de rente, elle montre que pour elle chacune de nos actions, chacun de nos choix peut se retranscrire en argent. À l'instar d'Harpagon, elle considère la jeune fille comme un objet de transaction, pour l'estimation duquel il faut tenir compte des économies qu'il permettra : « Cinq mille francs au jeu par an, et quatre mille francs en habits et bijoux, cela fait neuf mille livres ; et mille écus que nous mettons pour la nourriture, ne voilà-t-il pas par année vos douze mille francs bien comptés ? » (II, 5). De même, un mari, pour cette « femme d'intrigue », n'est rien d'autre qu'une ressource financière. Ainsi reprochet-elle aux jeunes gens bien faits d'être pour la plupart « gueux comme des rats » (III, 4). Un vieux mari qui a du bien mérite que l'on passe sur certains « petits dégoûts ». Pour Frosine, la vie se résume au gain d'argent : « Tu sais que dans ce monde il faut vivre d'adresse, et qu'aux personnes comme moi le Ciel n'a donné d'autres rentes que l'intrigue et que l'industrie » (II, 4).

Harpagon justifié ? – L'un des ressorts comiques principaux de la pièce reste la peur du vol qui anime Harpagon. Cependant, Molière ne fait pas de cette frayeur un aspect simplement délirant du personnage. Les développements de l'intrigue montrent qu'il avait raison de craindre le vol, et, qui plus est, qu'il avait raison de se méfier de La Flèche, ce que le spectateur apprend dès l'acte I : « Ah ! qu'un homme comme cela mériterait bien ce qu'il craint ! et que j'aurais de joie à le voler ! » (I, 3). C'est bien le valet de Cléante qui dérobe la cassette d'Harpagon (IV, 6), laquelle servira pour ce qu'il faut bien nommer un chantage : « Vous pouvez choisir, ou de me donner Mariane, ou de perdre votre cassette », annonce le fils de l'avare (V, 6). Au fond, les pires craintes d'Harpagon se réalisent au cours de la pièce, sa seule erreur est de sous-estimer l'habileté de ceux qui convoitent son bien.

Mais cela tient également à l'idée que l'avarice attire les voleurs, parce qu'elle est signe de richesse accumulée (de thésaurisation) et parce qu'elle est une faute. Si Harpagon est fondé dans sa crainte du vol, c'est son attitude (sa surveillance dans le jardin) qui indique au valet où chercher, et ce n'est, au fond, que la punition la plus logique de son vice. En cela, Molière s'est peut-être inspiré du lieutenant criminel Jacques Tardieu et de son épouse, couple célèbre pour son avarice, qui furent assassinés par deux voleurs en 1665. Tallemant des Réaux dans ses *Historiettes* et Boileau dans sa *Satire* X, écrite après *L'Avare*, en 1692, en donnent des portraits violemment satiriques. Molière, comme souvent, se montre d'un grand pessimisme et *L'Avare* est bien une comédie étonnamment noire dans sa représentation de l'homme, un homme que rien ne corrige ni ne sauve.

L'Argent (1891), d'Émile Zola

Publié en 1891, *L'Argent* est le dix-huitième roman de la série *Les Rougon-Macquart,* entamée vingt ans plus tôt par Émile Zola avec *La Fortune des Rougon*. Alors que son œuvre est profondément marquée par la dimension sociale et économique – la série développe une *Histoire naturelle et sociale d'une famille sous le second Empire*, comme l'indique son sous-titre –, le romancier attend pourtant la fin de son monument littéraire, qui ne comptera plus que deux autres récits et sera complet en 1893, pour consacrer un roman à un aspect essentiel dans l'analyse des rapports humains : l'argent. Le titre en tant que tel est programmatique et laisse comprendre dès l'abord le lien profond qui unit l'œuvre au réel. Dans ses notes préparatoires, Zola reste relativement vague mais ambitieux : « L'Argent tel qu'il est, sans l'attaquer ni le défendre », écrit-il, en préliminaire du plan définitif.

Sur un sujet aussi sensible (l'argent, la Bourse), on pourrait imaginer que l'implacable évocation zolienne fît bondir certains de ses contemporains. Or, la réaction des critiques fut plutôt tempérée, comme le fait remarquer Henri Mitterand : les commentateurs eurent surtout l'impression que Zola appliquait à l'argent sa méthode et son génie évocateur. Et pourtant : à travers les mouvements de l'or, c'est ceux de la société entière que saisit Zola, une société moribonde, celle du second Empire (le krach de la Banque universelle préfigure la débâcle du régime de Napoléon III), mais aussi une société qui accouche dans la douleur d'un modèle nouveau, le capitalisme moderne juché sur la deuxième révolution industrielle. Fondée sur les avancées technologiques, la concentration du capital et la réorganisation de la production, elle débuta au milieu du XIXe siècle.

Zola ne s'attaque pas, dans *L'Argent*, à un sujet inédit. Au contraire, « le roman de la Bourse » devient une sorte de micro-genre à part entière dans la deuxième partie du XIXe siècle : ainsi que l'a montré l'universitaire Halina Suwala (dont le corpus est repris par Christophe Reffait, *La Bourse dans le roman du second XIXe siècle*, Champion, 2007), on dénombre, entre 1873 et 1892, pas moins de trente romans où la Bourse occupe une place centrale ! Si l'on peut affirmer que le récit zolien est le chef-d'œuvre de cette liste, on voit à quel point il s'intègre dans une préoccupation du temps et répond à une véritable vogue : le « jeu », pour reprendre le terme de Zola, fascine et inquiète, il semble, pour certains, le fondement de la modernité, pour d'autres, il est le signe même d'une décadence. Mais, comme son titre l'indique, le sujet de *L'Argent* ne se limite pas à l'activité boursière, et ce sont bien toutes les facettes d'une réalité complexe que Zola veut aborder, facettes économiques, certes, mais aussi morales et symboliques. L'argent, pourrait-on dire dès lors, n'est pas que de l'argent, il représente le pouvoir et le désir, dans leur circulation et leur fonctionnement.

Un roman expérimental ?

Une triple référence historique – Le projet romanesque d'Émile Zola pose de façon très vive la question de la fiction. Le romancier veut en effet inscrire une famille qui n'a pas existé, les Rougon-Macquart, dans un cadre historique réel, le second Empire. Tant que les personnages ne sont que des spectateurs ou des acteurs secondaires de la « grande histoire », ce procédé ne pose pas de réel problème. En revanche, dans *L'Argent*, Zola va plus loin, puisqu'il invente une faillite bancaire gigantesque ayant des répercussions économiques importantes à la fin des années 1860 (le roman commence en 1864 et finit en 1869). Cette faillite est inspirée par celle de l'Union générale, banque bien réelle, certes, mais dont le krach date de 1882, c'est-à-dire douze ans après la chute de l'Empire. De là, bien sûr, le risque de faire correspondre ce qui, dans la réalité, n'a pas correspondu, de créer une perspective trompeuse qui irait à l'encontre du projet lui-même. Si l'on en croit l'historien Jean Bouvier (dans son article « *L'Argent* : roman et réalité » paru dans la revue *Europe* en 1968), le décalage temporel que Zola introduit ne crée pas vraiment de difficulté, car les structures économiques de la France de 1882 sont nées dans les années 1850, et sont donc les mêmes que celles qui existaient à la fin du second Empire. Ainsi, d'un point de vue purement financier, Zola suivra, parfois pas à pas, l'évolution de cette Union générale, fondée par Eugène Bontoux, monarchiste antisémite et homme d'affaires peu scrupuleux, qui fournit un modèle partiel pour le Saccard du roman.

Deux autres affaires inspirent également Zola dans l'établissement de son intrigue, événements ayant eu lieu, cette fois, pendant le règne de Napoléon III : l'affaire Mirès, d'abord, financier en vue au début de l'Empire qui fut arrêté et condamné pour détournement de fonds au début des années 1860 ; l'affaire, ensuite, de bien plus grande importance, des frères Émile et Isaac Pereire dont l'établissement, le Crédit mobilier, voulut rivaliser avec la haute banque, et notamment avec James de Rothschild (qui a largement inspiré le personnage Gundermann) et qui fut vaincu par elle. D.S. Landes, dans son article « Vieille banque et banque nouvelle : la révolution financière du XIXe siècle », paru en 1956 dans la *Revue d'histoire moderne et contemporaine*, évoque « Rothschild, le banquier dur, solide, aux idées bien arrêtées » et « Pereire, l'entrepreneur romantique qui voyait un monde meilleur au bout des rails » et conclut : « Là où Pereire était tout feu pour lancer, dépenser, construire, agrandir, Rothschild travaillait prudemment et ne s'impatientait jamais. » On pourrait croire que l'historien parle ici de Saccard et de Gundermann !

Au-delà de cette triple source historique, c'est la méthode et les présupposés de Zola qui peuvent nous intéresser. De fait, le krach ayant pour but d'annoncer la chute du régime (traitée dans le dix-neuvième roman de la série, *La Débâcle*, paru en 1892), le romancier va utiliser le matériau historique pour en faire un élément métaphorique au sens étymologique du terme (*metaphora* : « déplacement » en grec) qui permet une vision en réduction de l'épuisement du régime : « D'un bout à l'autre, le craquement, l'effondrement prochain », annonce Zola dans son plan préparatoire. Cela répond à l'une des exigences définies par Zola dans son essai *Le Roman expérimental* (1880), où il précise et décrit sa méthode romanesque : « Un fait observé devra *faire jaillir l'idée de l'expérience à instituer, du roman à écrire*, pour arriver à la connaissance complète d'une vérité » (chapitre I ; c'est nous qui soulignons). Ainsi, la partie fictionnelle de l'assemblage narratif, et donc le déplacement historique, n'est pas une façon de « s'arranger » avec le réel, mais la mise en place de conditions d'expérience qui mèneront à une vérité, plus forte peut-être que celle que l'histoire contient. C'est en cela que le romancier peut *expérimenter*.

Un « phénomène » pour sujet – Ce qui fait de *L'Argent* un roman profondément lié à l'expérimentation au sens où Zola l'entend, c'est son sujet. Le caractère général qu'il suppose (Zola ne parle pas « d'argent » mais « de l'argent », ce qui est bien différent) semble devoir constituer un obstacle au genre que le romancier a choisi et mener l'œuvre vers une nature plus argumentative et analytique. Cependant, on ne peut qu'être marqué par la dimension profondément romanesque de l'ensemble : personnages fortement campés, péripéties nombreuses, mise en scène d'un affrontement aux allures titanesques, tout concourt à faire de cette œuvre un roman véritable. Mais nous ne sommes plus ici dans la métaphore, et l'argent est bel et bien présent dans l'intrigue. Il y est même incontournable, comme le prouvent les 225 occurrences du mot dans l'œuvre ! On peut considérer qu'étant le seul véritable thème du roman, faisant l'objet de développements discursifs conséquents (assumés par exemple par Sigismond Busch p. 79-83 et 360-365, par Saccard p. 161-166, ou encore par Madame Caroline p. 442-446), l'argent finit par être l'un des personnages de l'œuvre, voire son protagoniste : dans le monde que crée le romancier, il n'est absent nulle part.

Pour autant, il faut se garder de voir dans ce récit un apologue à la leçon évidente, ou même un roman engagé : la position idéologique de Zola est bien trop difficile à cerner. Roman largement polyphonique, *L'Argent* ne crée pas de position globale claire, de morale définitive à méditer. Si Sigismond Busch déteste l'argent et veut l'abolir (« Toutes nos crises, toute notre anarchie vient de là… Il faut tuer, tuer l'argent ! », IX), Saccard, lui, voit dans la circulation de l'argent « la vie même des grandes affaires ». Madame Caroline se montre naturellement méfiante à l'égard de l'argent issu du jeu (« la spéculation, le jeu à la Bourse, eh bien ! j'en ai une terreur folle », IV), pourtant elle passera par une vision presque messianique des pouvoirs de la monnaie (« et le globe bouleversé par la fourmilière qui refait sa maison, et le continuel travail, de nouvelles jouissances conquises, le pouvoir de l'homme décuplé, la terre lui appartenant chaque jour davantage. L'argent, aidant la science, faisait le progrès », II) jusqu'à retomber cycliquement dans son mépris, après la chute de la Banque universelle (« Ah ! l'argent, cet argent pourrisseur, empoisonneur, qui desséchait les âmes, en chassait la bonté, la tendresse, l'amour des autres ! », VII). Le roman se conclut sur la position paradoxale que la jeune femme finit par adopter, et dont on peut raisonnablement penser qu'elle est aussi celle de Zola (XII) :

> Il avait raison : l'argent, jusqu'à ce jour, était le fumier dans lequel poussait l'humanité de demain ; l'argent, empoisonneur et destructeur, devenait le ferment de toute végétation sociale, le terreau nécessaire aux grands travaux qui facilitaient l'existence.

La fatalité naturaliste : optimisme ou pessimisme ? – On sait que, à de nombreuses reprises, Zola s'est défendu d'être fataliste, préférant le terme de déterministe, qui implique l'absence d'un moteur supérieur de la destinée. Être déterministe, selon le romancier, c'est penser que dans la société comme dans la nature les mêmes causes produisent les mêmes effets dans des milieux équivalents. Cependant, avec *L'Argent*, le romancier est supposé avoir remplacé le pessimisme de *Pot-Bouille* (1882), par exemple, par un « comtisme » ou « darwinisme social », c'est-à-dire une vision plus progressiste de la société, la tragédie humaine n'interdisant pas la possibilité d'une évolution globale positive. On retrouve cette idée, déformée, dans la bouche de Saccard : « On ne remue pas le monde, sans écraser les pieds de quelques passants » (IV), ou encore dans le discours intérieur final de Madame Caroline : « Mon Dieu ! au-dessus de tant de boue remuée, au-dessus de tant de victimes écrasées, de toute cette abominable souffrance que coûte à l'humanité chaque pas en avant, n'y a-t-il pas un but obscur et lointain… » (XII). Ainsi s'explique peut-être le peu de références à l'hérédité dans ce roman, si l'on excepte le physique « épuisé » de la jeune Alice de Beauvilliers et le jeune Victor, fuyard atteint par le « virus héréditaire » du viol.

L'argent, comme la nature et la société, est régi par des mécanismes immuables qui broient sans pitié ceux qui ne les prennent pas en compte. Gundermann, dans son combat contre Saccard, en est en quelque sorte le représentant (VI) :

> Sa théorie était qu'on ne provoquait pas les événements à la Bourse, qu'on pouvait au plus les prévoir et en profiter, quand ils s'étaient produits. La logique seule régnait, la vérité était, en spéculation comme ailleurs, une force toute-puissante.

Ainsi, à la différence de Gervaise dans *L'Assommoir* (1877) ou d'Étienne dans *Germinal* (1885), Saccard dispose de tous les moyens de faire face à la mécanique du destin, et la « logique » de l'argent n'est pas hors de sa portée, tant s'en faut. Le financier est conscient des risques qu'il prend : « Les risques, tout est là, et la grandeur du but aussi » (IV). Là encore, Zola se montre assez ambigu : car Saccard ne peut-il avoir raison lorsqu'il affirme que, si l'histoire est toujours du côté des vainqueurs, il aurait pu cependant sauver la situation (« Évidemment, reprit-il avec amertume, j'étais vaincu, je suis une canaille... L'honnêteté, la gloire, ce n'est que le succès » [XII]) ? Au fond, son erreur est individuelle, il a cru à la « chance » alors qu'en matière d'argent, il n'y a que la « logique ». Mais ce comportement excessif est dicté par son caractère, une nature qu'il ne domine pas.

L'argent et ses usages

Saccard contre Gundermann – *L'Argent*, on l'a dit, est l'histoire d'un combat, d'un duel entre deux hommes d'argent que tout oppose : Saccard et Gundermann. Et leur rivalité, certes fondée sur leurs conceptions de l'argent, semble plus générale, plus profonde. Au chapitre III, le vieux banquier montre qu'il dénie à Saccard les qualités essentielles d'un financier en invoquant son caractère : « Voyons, soyez raisonnable, vous savez ce que je vous ai dit... Vous avez tort de rentrer dans les affaires [...]... Infailliblement, vous ferez la culbute, c'est mathématique, ça ; car vous êtes beaucoup trop passionné, vous avez trop d'imagination. » Et de fait, face à « l'ouvrier impeccable, sans besoin de chair, devenu comme abstrait dans sa vieillesse souffreteuse » qu'est Gundermann, Saccard, homme vif, sanguin, à l'« exubérance méridionale », fait contraste.

Deux visions de l'argent s'affrontent radicalement ici. D'un côté, l'homme « qui thésaurise », que la seule accumulation motive, qu'on ne voit rien faire de son argent si ce n'est des achats minimes (« Il reconnut Gundermann faisant sa petite promenade de santé, il le regarda entrer chez un confiseur, d'où ce roi de l'or rapportait parfois une boîte de bonbons d'un franc à ses petites-filles » [I]) et, patiemment, construit sa « tour de millions ». De l'autre, le « poète du million » qui, selon son propre fils, « n'aime pas l'argent en avare, pour en avoir un gros tas, pour le cacher dans sa cave » (VII) et qui veut utiliser sa fortune dans des entreprises gigantesques : « Je veux dire des choses vivantes, grandes et belles » (IV). Plus encore, Saccard, dans sa volonté de voir circuler l'argent, se place du côté de la charité, c'est-à-dire du don gratuit, même si cela flatte surtout son égocentrisme : « Devenir le dispensateur de cette royale charité, canaliser ce flot d'or qui coulait sur Paris » (II). « Très énergique », Saccard est excessif en toutes choses, et notamment dans la jouissance (II) :

> Par l'argent, il avait toujours voulu, en même temps que la satisfaction de ses appétits, la magnificence d'une vie princière ; et jamais il ne l'avait eue, assez haute.

Il va trop loin, trop vite sous le regard apeuré de Madame Caroline : « Elle était forcée d'attendre, devant l'éclat du triomphe grandissant, malgré ces légères secousses d'ébranlement qui annoncent les catastrophes » (IX). Car ce n'est pas le personnage qui domine l'argent, c'est le contraire : les « astres luisants » de la richesse ont « éclairé sa vie ».

Le suspense mis en place dans le roman tient notamment dans le mépris des signes avant-coureurs que montre Saccard, ce sentiment d'invulnérabilité qui l'habite (« Il fut l'homme des millions qu'il gagnait, triomphant, et sans cesse sur le point d'être battu ») et électrise ses affidés (X) :

> Quel homme, ce Saccard ! d'une assurance impassible, le visage toujours souriant, sans qu'on pût savoir si ce n'était là qu'un masque, posé sur les effroyables préoccupations qui auraient torturé tout autre !

Il faut également mentionner ici le violent antisémitisme de Saccard, qui s'inspire de celui de Bontoux, l'homme de l'Union générale. Henri Mitterand affirme dans ses notes que Zola « semble avoir admis sans discuter les considérations racistes de ses informateurs ». On peut cependant douter que les terribles préjugés présents dans le roman ne soient que les fruits de la naïveté de l'auteur. Lui qui pourtant défendra le capitaine Dreyfus dans son célèbre *J'accuse* (sept ans seulement après la publication de *L'Argent*) véhicule sans doute ici les clichés communs et dévastateurs de l'antisémitisme dit « de gauche », très présent dans les années 1890, et qui assimile, pour l'attaquer, la communauté juive au capitalisme bancaire (on peut songer, par exemple, aux ouvrages violemment antisémites du proudhonien Auguste Chirac). Cependant, nul doute que le personnage de Saccard soit habité d'une haine bien plus farouche que celle de l'auteur (III) :

> Ah ! le juif ! il avait contre le juif l'antique rancune de race, qu'on trouve surtout dans le midi de la France ; et c'était comme une révolte de sa chair même, une répulsion de peau qui, à l'idée du moindre contact, l'emplissait de dégoût et de violence, en dehors de tout raisonnement, sans qu'il pût se vaincre.

La brutalité du discours, révoltante, appuie le caractère inextinguible de la haine de Saccard envers son ennemi et fait de la guerre qui oppose les deux hommes, au-delà de la rivalité financière, une affaire personnelle. Par ailleurs, il faut rappeler le caractère religieux de la Banque universelle, profondément liée au catholicisme ultramontain.

Une typologie : victimes et bourreaux, saints et profiteurs – Au-delà de l'aventure de la Banque universelle, Zola propose dans *L'Argent* une galerie de portraits qui étayent, par leur diversité, l'analyse qu'il mène des rapports à l'argent. Devant la masse des personnages secondaires, il semble opportun de dessiner une typologie et de distinguer les victimes des bourreaux ainsi que les « saints » des profiteurs.

Les victimes sont nombreuses dans *L'Argent*. Que l'on songe à certains personnages de petits employés de cabinets boursiers, comme Massias, constamment rejeté par les puissants et par la chance. Autre victime, Dejoie, père modèle qui place ses maigres économies dans la Banque universelle pour constituer une dot à sa fille et qui perdra tout lors du krach. On peut également nommer les dames Beauvilliers, qui vivent une lente décadence accélérée par l'effondrement final, les époux Jordan, le « gentil » petit couple qu'affectionne Saccard et que Busch poursuit sans relâche (mais par la constance de leur amour et grâce à l'aide de Saccard, les deux jeunes gens sauront finalement échapper à la misère), les parents de la jeune femme, les Maugendre, qui réduisent à néant une vie de travail en quelques années ou encore l'industriel

Sédille qui vit à peu près la même déconfiture (Madame Caroline est d'ailleurs « bouleversée » par « la faillite du fabricant de soie » [XI]).

Si ces personnages ne sont pas tous victimes de leurs semblables mais plutôt parfois de leur propre cupidité, Zola crée cependant un couple de prédateurs effrayants, deux bourreaux presque caricaturaux, rappelant certains personnages balzaciens : Busch et la Méchain qui rachètent des reconnaissances de dettes et pourchassent ceux qui les ont contractées ou encore les titres des compagnies qui ont fait faillite pour les revendre à qui a besoin de truquer ses comptes. De ce point de vue, se nourrissant d'affaires anciennes, mortes, ils sont des charognards, ce que rappelle la Méchain à Saccard lorsqu'il veut lui vendre de l'Universelle : « Oh ! moi, ce n'est pas mon genre d'opérations... Moi, j'attends » (IV). La Cité de Naples, aussi, fait de cette femme un bourreau : propriétaire de ce taudis infernal, elle vit de la misère et du malheur (« Et, en effet, Mme Méchain demeurait là, en propriétaire vigilante, sans cesse aux aguets, exploitant elle-même son petit peuple de locataires affamés » [V]). Il ne peut échapper au lecteur que dans leur extrême cruauté, ces deux personnages deviennent allégoriques, incarnations de la faillite, elle-même mort symbolique. Ainsi, le jour du krach, la Méchain, « qui [domine] de son énorme personne grasse le champ de bataille », apparaît pour exprimer l'ampleur du drame (X) :

> Son vieux sac de cuir noir était posé près d'elle, sur la rampe de pierre. En attendant d'y entasser les actions dépréciées, elle guettait les morts, telle que le corbeau vorace qui suit les armées, jusqu'au jour du massacre.

La Bourse crée également ses « simples » profiteurs, troupe diverse de ceux qui savent se nourrir avec plus ou moins de voracité au festin du jeu boursier : l'agent de change Mazaud (il se signale cependant par son honnêteté et devient une victime lorsqu'il se suicide), la baronne Sandorff (laquelle joue sur son statut social pour ne pas payer ses pertes et monnaie ses charmes contre des conseils boursiers), Jacoby, concurrent de Mazaud, Sabatini, le prête-nom de Saccard dans ses opérations frauduleuses, ou encore Nathansohn, double plus heureux en affaires de Massias. Ajoutons à cette liste l'ensemble du conseil d'administration de la Banque universelle, si l'on excepte Sédille : le député Huret, ou encore Daigremont, le marquis de Bohain, ou Kolb, le négociant en or, qui tous se sauveront de la tragédie « par une tactique de traîtres » (XI). Il faut enfin citer certains personnages secondaires qui ne s'attachent à l'argent que dans la perspective de plaisirs, souvent charnels : le journaliste Jantrou, bien sûr, que son nouveau statut social fait tomber dans « une noce crapuleuse », ou encore les deux employés de Mazaud, Gustave Sédille et Flory qui finira cependant en prison pour détournement, dont les gains servent à entretenir des femmes.

Symétriquement, Zola met en scène un certain nombre de « saints », c'est-à-dire de personnages dont les valeurs morales dépassent le destin individuel et l'enrichissement personnel : c'est bien sûr le cas de Mme Caroline, qui espère que la Banque universelle apportera le progrès en Orient, de son frère, Hamelin, jeune homme idéaliste et ingénieur imaginatif, ou encore la princesse d'Orviedo, qui veut se débarrasser de toute la fortune que lui a laissée son mari pour, dit-elle, la rendre au peuple (« Dès lors, l'idée fixe s'empara d'elle, le clou de l'obsession entra dans son crâne ; elle ne se considéra plus que comme un banquier, chez qui les pauvres avaient déposé trois cents millions » [II]). Il faut enfin évoquer Sigismond Busch dont le marxisme enflammé est en quelque sorte contrebalancé par sa mauvaise santé : véritable moine de la révolution, il meurt dans une chambre qu'il ne quittait plus depuis déjà longtemps, plein d'une espérance abstraite à travers laquelle, par ailleurs, Zola caricature un peu la pensée marxienne… Comble de l'ironie, c'est son frère, véritable incarnation de la prédation dans le système capitaliste, qui soigne et entretient celui qui veut « tuer l'argent » !

L'argent et ses images

On l'a dit, *L'Argent* n'est pas un roman à thèse. Comme le rappelle l'universitaire Jacques Noiray (dans son article « L'imaginaire de la politique dans Paris » publié dans les *Cahiers naturalistes* en 2000), le lecteur est avant tout confronté à « la richesse et la cohérence du système d'images » mis en place dans le roman. Dans la profusion métaphorique que Zola construit, il nous faut repérer cette cohérence qui n'est pas, paradoxalement, sans intention argumentative.

Images corporelles – Il convient de se souvenir de l'équivalence que Zola trace entre la société et le corps vivant, qui est à la base de sa méthode : «Dès ce jour, la science entre donc dans notre domaine, à nous romanciers, qui sommes à cette heure des analystes de l'homme, dans son action individuelle et sociale. Nous continuons, par nos observations et nos expériences, la besogne du physiologiste, qui a continué celle du physicien et du chimiste» (*Le Roman expérimental*, II). Voulant décrire les mécanismes déterminés du corps social à la manière d'un Claude Bernard, Zola intègre l'argent dans cette hypothèse originelle. Ainsi ne compte-t-on plus les métaphores corporelles qui servent, dans le roman, à évoquer l'argent. La plupart du temps, il est présenté comme un équivalent du sang : fluide, il connaît une circulation nécessaire et est le principe même de la vie (sociale et économique). C'est ainsi, en tout cas, que Saccard le considère (IV) :

> Oui ! [le jeu] appelle le sang, il le prend partout par petits ruisseaux, l'amasse, le renvoie en fleuves dans tous les sens, établit une énorme circulation d'argent, qui est la vie même des grandes affaires.

Plus généralement, l'argent est souvent associé à des mécanismes corporels. Ainsi Madame Caroline, prise d'une lucidité terrifiée, croit-elle voir «l'Universelle suer l'argent de toute part». De là, la comparaison entre le jeu boursier et une fièvre, qui dérègle le corps : ainsi, la progressive passion du jeu de M. Maugendre est-elle décrite comme une maladie : «Et le mal était parti de là, la fièvre l'avait brûlé peu à peu, à voir la danse des valeurs, à vivre dans cet air empoisonné du jeu, l'imagination hantée de millions conquis en une heure» (VI). Contagieux, le mal frappe bientôt Mme Maugendre que sa fille s'étonne de trouver «plus enfiévrée» que son mari. De cette manière, le lecteur perçoit presque physiquement que le jeu est un mésusage, une anomalie dans le système global. Comme la petite vérole de la marquise de Merteuil, dans *Les Liaisons dangereuses* (Choderlos de Laclos, 1782), le jeu est une maladie qui signe une faute morale. Que l'on songe à ce que Gundermann «conseille» à la baronne Sandorff : «Ne jouez pas, ne jouez jamais. Ça vous rendra laide, c'est très vilain, une femme qui joue» (X). Mais la connotation des images corporelles n'est pas toujours si négative : rappelons le lien tracé par Saccard entre l'argent et l'acte sexuel. Le personnage construit, comme le dit Christophe Reffait, « un rapport analogique entre les couples spéculation-progrès et luxure-enfantement » (« Ah ! dame ! il y a beaucoup de saletés inutiles, mais certainement le monde finirait sans elles », IV) que reprend Madame Caroline à la fin du roman : « Pourquoi donc faire porter à l'argent la peine des saletés et des crimes dont il est la cause ? L'amour est-il moins souillé, lui qui crée la vie ? » (XII). Et de fait, jeu boursier et sexualité sont comparables : activités intenses, ils apportent un « brusque bonheur » (IV) dont les causes sont parfois peu « avouables », mais ils portent en eux la possibilité d'une création (de richesse, de vie).

Images géographiques – L'isotopie de la fluidité implique d'autres images, cette fois liées à la géographie. Le lien qui existe entre la monnaie fiduciaire et les métaux précieux (or et argent) rend cette concordance presque nécessaire. La circulation monétaire, notamment, rappelle le cycle de l'eau : l'argent a une « source » (« source maudite », pour la princesse d'Orviedo, « sources » auxquelles Saccard va puiser, selon son fils Maxime), coule en « rivières » avant de rejoindre « fleuves » et « océans ». La même image se retrouve à propos de Gundermann, dont la richesse est une mer qui attire l'or des rivières : « Maintenant, tous les fleuves de l'or allaient à cette mer, les millions se perdaient dans ces millions. » L'analogie, ici, sert à exprimer l'immensité et la diversité de la ressource pécuniaire et souligne sa nature « cumulative ».

Dans la même veine, l'évocation de la mine du Carmel provoque une autre image, plus géologique cette fois. L'homonymie entre l'argent monnaie et l'argent métal permet de créer un rapprochement significatif. Comme la gorge du Carmel, si pauvre et si désolée (« un site sauvage, une gorge aride, que bouchait un écroulement gigantesque de rochers, couronnés de broussailles » [II]), mais qui dissimule d'immenses richesses de métal, le monde offre à qui sait le trouver tout l'argent qu'il désire. Le financier, comme l'ingénieur, a pour rôle de trouver des ressources et de les exploiter.

Enfin, l'argent est un royaume auquel on appartient ou non, royaume qui donne lieu à de violentes luttes de pouvoir. Mais, tout au long du roman, et malgré les efforts de Saccard (« Oui, si j'avais abattu Gundermann, conquis le marché, si j'étais à cette heure le roi indiscuté de l'or, hein ? »), c'est Gundermann qui reste le seul monarque, « banquier roi », « roi de l'or ».

Images religieuses – Du fait de l'engagement ultra-catholique qui fonde le projet même de la Banque universelle (catholique, étymologiquement, signifie « universel »), mais aussi parce que Zola veut étudier le culte de l'argent, les images liées à la religion abondent dans le roman. Ainsi, Gundermann, plus qu'un roi, est parfois comparé à Dieu lui-même (« Moser, l'air anéanti, contemplait cet homme qui savait les secrets, qui faisait à son gré la hausse ou la baisse, comme Dieu fait le tonnerre » [I]) et Saccard, personnage prométhéen, veut aller combattre, au nom des hommes, le dieu de la banque : « L'humanité n'a pas de rêve plus entêté ni plus ardent, tenter le hasard, obtenir tout de son caprice, être roi, être dieu ! » (IV). Mais, on le voit, ce combat est empreint d'individualisme (il ne peut y avoir qu'un dieu) et Saccard aspire précisément à cette place : « [Dejoie] ne pouvait résister, quand il le savait là, au besoin de connaître le fond de ses pensées, ce que disait le dieu dans le secret du sanctuaire. »

Cependant la véritable idole est l'argent lui-même, capable de « prodiges » (VII) :

> L'argent, l'argent roi, l'argent Dieu, au-dessus du sang, au-dessus des larmes, adoré plus haut que les vains scrupules humains, dans l'infini de sa puissance !

Et les grands financiers en sont les « oracles » : Saccard et Gundermann, bien sûr, mais aussi l'énigmatique Salmon dont le silence évoque le Sphinx, ou le fortuné Amadieu dont le nom montre qu'il est aimé de la divinité. Ces hommes savent voir un « heureux présage » dans le son des pièces d'or tombant dans l'officine de Kolb (ce qui rappelle certains oracles antiques, comme celui du sanctuaire de Dodone, en Grèce, où les prêtres interprétaient le bruit du vent dans les feuilles de chênes sacrés). Ainsi s'explique également l'atmosphère liturgique qui règne aux guichets de la Banque universelle : « Il exigea de ses employés une tenue de jeunes officiants, on ne parla plus que d'une voix mesurée, on reçut et on donna l'argent avec une discrétion toute cléricale » (V).

Images guerrières – Qu'il soit un royaume ou une idole, l'argent est donc l'objet d'une guerre dont le théâtre est la Bourse (rappelons-nous la Méchain, corbeau après la bataille). Dans ce conflit, Gundermann est l'assiégé («Il se battait, non pour le gain immédiat, mais pour sa royauté elle-même, pour sa vie» [X]) et Saccard le conquérant (II) :

> Se battre, être le plus fort dans la dure guerre de la spéculation, manger les autres pour ne pas qu'ils vous mangent, c'était, après sa soif de splendeur et de jouissance, la grande cause, l'unique cause de sa passion des affaires.

De ce point de vue, alors que Gundermann est une armée immobile, en position défensive, le protagoniste est une armée en mouvement (II) :

> S'il ne thésaurisait pas, il avait l'autre joie, la lutte des gros chiffres, les fortunes lancées comme des corps d'armée, les chocs des millions adverses, avec les déroutes, avec les victoires, qui le grisaient.

L'ensemble du roman est un récit de bataille, avec ses faux espoirs et ses revers : Saccard est par exemple «triomphant» après que les cours de l'Universelle ont atteint deux mille francs.

Le registre épique prend une importance tout à fait décisive au chapitre X. Les deux agents de change qui s'affrontent, Mazaud et Jacoby, se livrent un combat acharné : «Ils se savaient pourtant adversaires, dans la lutte sans merci qui se livrait depuis des semaines, et qui pouvait finir par la ruine de l'un d'eux» (X). Dans cette bataille, chacun compte ses troupes et compte sur la loyauté des siens, et sur ce point, c'est Gundermann qui a l'avantage, du fait de son inépuisable richesse : «Seulement, si ses troupes gagnaient gros, Saccard se trouvait à bout d'argent, vidant ses caisses pour ses continuels achats» (X). À la Bourse, comme à la guerre, on déplore des «pertes» et si le chef de la haute banque reste invisible, Saccard, lui, est au front, prenant le simple recul nécessaire pour avoir une vision d'ensemble : «Comme tous les chefs de maison importante, il avait ainsi une place connue, où les employés et les clients étaient certains de le trouver, les jours de Bourse» (X). Et, à son poste, «chef d'armée convaincu de l'excellence de son plan», il suit l'évolution de la bataille, lui donne un sens, au risque de perdre pied (X) :

> Mais Saccard, qui ne dormait plus, qui chaque après-midi reprenait sa place de combat, près de son pilier, vivait dans l'hallucination de la victoire toujours possible.

Ce violent conflit est, chacun en est conscient, une lutte à mort qui ne peut se conclure que sur la « débâcle » (p. 397, 399, 401, 415) de l'un des deux camps (d'autres termes sont également présents : « déroute », p. 415, 417, ou « débandade », p. 394). L'échec de Saccard est d'autant plus fracassant que son plan était audacieux et son ambition immense. Son combat, sans doute désespéré, se pare de véritables couleurs héroïques dans sa folie même.

Philosophie de l'argent (1900), de Georg Simmel

Georg Simmel (1858-1918) est bien moins connu des lecteurs français que Molière et Zola. Pour cette raison, il semble important de donner quelques indications afin de situer l'auteur de la *Philosophie de l'argent*. Simmel est né à Berlin. Son père, un entrepreneur juif converti au protestantisme, meurt lorsqu'il a seize ans. Dès lors, il est élevé par sa mère et par son beau-père. En 1890, il épouse Gertrud Kinel qui, après la mort de son mari, s'évertuera à publier les inédits en sa possession. Il mène des études d'histoire et de philosophie à l'université de Berlin où, après avoir soutenu ses deux thèses de philosophie (1881 et 1883), il devient enseignant. Il y marque ses étudiants par son grand sens de la pédagogie : ses cours deviennent si populaires qu'ils sont parfois annoncés dans les journaux ! Cependant, sa carrière universitaire ne progresse pas, en raison surtout de l'antisémitisme de l'institution, mais aussi à cause des doutes de certains universitaires face à la discipline encore jeune que Simmel tente d'imposer : la sociologie. Il devient professeur d'université, section philosophie, en 1914, à Strasbourg. Il meurt peu après, en 1918, d'un cancer du foie.

L'œuvre de Simmel est aussi vaste que diverse : alors que nombre de ses manuscrits ont été perdus, l'édition de ses œuvres complètes

(*Simmel Gesamtausgabe*), entamée en 1989, ne comptera, une fois finie, pas moins de vingt-quatre volumes ! Il est l'auteur d'une ving-taine de livres et de plus de deux cents articles de toutes sortes. Tour à tour influencée par le darwinisme, le néokantisme et le philosophe français Henri Bergson, sa pensée a grandement évolué au cours de sa vie. Les sujets abordés sont eux aussi très divers : la société, l'histoire, l'art, la mode, la religion ou encore l'amour. Dans tous ces domaines, il essaie de mener une réflexion originale et moderne, dans le sens où elle reflète de façon très expressive l'époque qui est la sienne.

Deux de ses œuvres ont davantage marqué l'histoire de la pensée : sa *Sociologie*, publiée en 1908, et la *Philosophie de l'argent*, écrite en 1900. Dans ce dernier ouvrage, Simmel aborde un sujet qui ne semble pas devoir être philosophiquement légitime : il y a, bien sûr, une dimen-sion un peu provocatrice dans ce titre, l'argent semblant bien loin des préoccupations des philosophes en général, ou plutôt, le sujet parais-sant un peu « étroit » et trop purement social pour une étude d'enver-gure relevant de la philosophie. Alors, comment aborder cet ouvrage qui se présente dès l'abord comme un texte hors norme ? C'est le projet dans son ensemble qu'il faut en premier lieu comprendre.

Le projet de la *Philosophie de l'argent*

Ni histoire, ni économie – Le projet global que suit Georg Simmel dans sa *Philosophie de l'argent* est décrit par lui dans la préface de l'ouvrage. Opérant par catégorisation, l'auteur commence par dire ce que son livre n'est pas. Ce ne sera pas un traité d'économie (« s'il doit y avoir une philosophie de l'argent, elle sera en deçà et au-delà d'une science économique de celui-ci »), ni la reconstruction historique du phénomène argent (« la genèse de l'argent n'est point ici en cause »), ni un texte d'économie politique (« aucune ligne des études qui suivent n'est entendue au sens de l'économie politique »).

Il s'agira, dit Simmel, dans la première partie, dite analytique, de déduire « l'argent des conditions qui portent son essence et la signifi-cation de son existence » au-delà des fluctuations historiques et de la technique économique, pour saisir « la signification et l'importance de ce phénomène ». Dans un second temps, la partie synthétique, Simmel se propose d'étudier les conséquences du phénomène argent sur l'homme (individu et société), sur « l'univers intérieur », conséquences de diverses natures. Simmel conclut l'annonce de cette bipartition ainsi : « L'une des parties doit donc éclairer l'essence de l'argent à partir des conditions et relations de la vie générale, et l'autre, inversement, l'essence de la vie générale et son modelage à partir de l'influence de l'argent. »

Ainsi, l'objectif global du philosophe, paradoxalement, ne se limite pas à l'argent : « Le sens et le but de l'ensemble se résument à ceci : tracer, en partant de la surface des événements économiques, une ligne directrice conduisant aux valeurs et aux significances dernières de tout ce qui est humain. » À partir de l'argent, il s'agit de parler de l'homme de manière globale, et le postulat de cette œuvre est justement que l'argent est un bon outil pour cela.

Une psychologie de l'argent ? – En établissant son projet, Georg Simmel a d'abord pensé l'intituler « Psychologie de l'argent ». Et, de fait, il s'agit bien de retracer une évolution qui a de lourdes répercussions sur le psychisme de l'homme : comment « l'objectivation et l'autonomisation de la valeur » (la valeur devient une chose en soi et indépendante de l'objet évalué) a pour conséquences « la libération de l'individu » et « la réification des relations sociales » (Frédéric Vandenberghe, *La sociologie de Georg Simmel*, La Découverte, 2001). De manière plus générale, la dimension psychologique de l'œuvre est revendiquée par Simmel lui-même : « L'échange ici mentionné se traitera aussi légitimement comme un fait psychologique, ou relevant de l'histoire des mœurs, voire comme un fait esthétique. »

Et, c'est un fait, dans les deux sections que nous étudions ici plus précisément, la dimension psychologique est essentielle : ascendant du possesseur d'argent sur le possesseur de marchandise ou typologie des usages selon l'avare, le prodigue, le cynique et le blasé, quand l'argent devient valeur absolue. Au fond, l'analyse simmelienne est une analyse psychosociale, c'est-à-dire qu'elle lie de façon intime, dans l'étude, les relations entre individus dans la société et leur développement psychologique : « Les formes de socialisation s'appuient sur des contenus qui ne sont pas sociaux, ils font partie de la constitution psycho-physique des êtres humains, elles supposent la possibilité de relations psychiques qui permettent aux hommes d'agir ensemble ou les uns contre les autres, et ce faisant forment des associations, des unions, des sociétés » (Patrick Watier, *Georg Simmel sociologue*, Circé, 2003). D'ailleurs, ces « interférences », « rapprochements plus ou moins fondés » entre « le moi » et « la société » (Julien Freund, dans son introduction à *Sociologie et épistémologie* de Simmel), lui seront reprochés par certains lecteurs comme Émile Durkheim, fondateur de la sociologie française, et le verront accuser de psychologisme, c'est-à-dire une tendance à tout analyser à l'aune de la psychologie.

L'argent : fait social et symbole – On l'a vu, l'argent est un prisme, un point d'entrée pour comprendre l'homme et la société modernes. Pour reprendre la formule de Serge Moscovici dans *La Machine à faire des dieux* (Fayard, 1988), selon Simmel : « l'argent, c'est beaucoup plus que l'argent ». En cela, ce « fait social » est en même temps un symbole « qui exprime et qui condense en lui toutes les relations sociales » (Frédéric Vandenberghe). Pour autant, le symbole qu'est l'argent n'est en rien interchangeable avec d'autres phénomènes sociaux particuliers. Ce que veut comprendre le philosophe, c'est pourquoi l'argent est devenu l'unique expression de la valeur et, plus encore, la valeur en soi. Partant de ce constat, Simmel déconstruit un processus logique, élargissant certes son analyse aux relations sociales en général ; mais pour la seule raison que ces dernières sont désormais marquées par l'argent. C'est donc un itinéraire à double direction que suit le philosophe, ou, plutôt, un itinéraire qui part de l'argent pour y revenir.

Allons plus loin : dans l'analyse simmelienne, l'argent, « devenu pur symbole » (p. 231), remplace toute valeur et toute chose à n'importe quel moment. Son abstraction fait sa puissance ; or, dans son utilisation philosophique, Simmel fait jouer le même rôle à l'argent, qui symbolise et « remplace » en quelque sorte toutes les relations humaines. Il y a une sorte de mise en abyme du symbolisme pécuniaire. Mais ce n'est pas un effet de style : l'argent est symbole sociologique *parce qu'*il est symbole pur de la valeur.

Afin de rendre plus abordable la pensée de Georg Simmel, les deux prochaines sections proposent une analyse cursive du texte au programme et essaient d'en reproduire la profonde cohérence argumentative.

L'argent, outil absolu

Les séries téléologiques et la notion d'outil – Pour aborder les deux sections qui constituent notre objet d'étude (Partie analytique, III, 1-2), il faut expliquer le titre que Simmel donne à l'ensemble du chapitre : « L'argent dans les séries téléologiques ». Comme l'indique l'auteur lui-même, l'adjectif « téléologique » s'oppose à l'adjectif « causal ». Au fond, est téléologique tout processus déterminé par son objectif, sa finalité ; par opposition, est causal tout processus déterminé par sa cause, par son origine. Simmel, lui, ne parle pas de processus mais de « séries ». Il faut entendre par ce terme des suites d'événements liés entre eux par des liens logiques (notamment des liens de cause à effet). Ces séries peuvent être simples, courtes (deux événements seulement) ou complexes. Les séries causales, qui réalisent une pulsion (leur origine), s'épuisent dans la réalisation même puisque la pulsion est satisfaite : « le processus d'ensemble reste enclos dans le sujet », dit Simmel (p. 237). Les séries téléologiques, elles, donnent lieu à un résultat, une transformation du réel extérieur à celui qui agit.

Dans les séries téléologiques, le résultat atteint – ou non – a une influence sur le sujet agissant. Ainsi, elle opère une sorte d'aller-retour, partant et revenant au sujet. La question qui se pose alors, contrairement aux séries causales, est celle du moyen, c'est-à-dire la médiation entre le désir et la satisfaction de ce désir. C'est donc le moyen qui permet cet itinéraire de l'esprit à l'esprit, cette série opérant une réflexivité. Plus encore, nous dit le philosophe, l'existence du moyen fait parfois naître l'idée du désir. Ainsi, par l'intervention d'un ou plusieurs moyens, il y a une progression dans la complexité des désirs : les séries téléologiques vont s'allonger et il y aura donc besoin de plus d'étapes intermédiaires. Pour faciliter la réalisation, l'esprit humain va s'employer à réduire ce nombre d'étapes (de « membres ») dans la série : c'est ce qui rend nécessaire la création d'outils. L'outil est une « instance qui occupe une position médiane non seulement dans l'ordre spatio-temporel, mais aussi quant au contenu » (p. 241). La forme et la présence de l'outil sont « déjà déterminées par le but » (p. 241). L'outil, pour cette raison, est « le moyen absolu » et réduit par nature la longueur des séries téléologiques.

Du moyen terme de l'échange à l'outil absolu – Dans le processus d'échange, l'argent s'est imposé en raison de la difficulté que représente la volonté de faire correspondre les désirs des différentes parties (dans le cadre du troc, par exemple : il faut que les deux personnes aient le même désir d'objets possédés par l'autre, qu'elles soient d'accord sur la valeur des marchandises…). L'argent est donc un moyen terme idéal qui permet à tout moment de convertir les marchandises et les rend aisément échangeables. En cela, l'argent est, nous dit Simmel, « l'outil le plus pur » (p. 243), car il n'est que moyen et n'a aucun rapport de contenu avec le but de la série téléologique, il est « pure instrumentalité » (p. 244), neutre. C'est là sans doute une spécificité de l'humanité : l'homme est l'être qui se fabrique des outils (en philosophie, on parle d'*homo faber*, c'est-à-dire « homme fabricant »), et l'argent en est le symbole le plus absolu. Ici, Simmel s'inspire de la pensée du philosophe allemand du XVIIIe siècle Emmanuel Kant (1724-1804), dans la *Doctrine du droit* (1796) : « La valeur de l'argent au contraire n'est qu'indirecte. On ne peut en jouir directement ni l'employer immédiatement, comme tel, à quelque usage ; mais il n'en est pas moins un moyen qui est entre toutes choses de la plus haute utilité. »

L'outil, par ailleurs, vit plus longtemps que son utilisation particulière, il est réutilisable. Il peut servir à plusieurs buts différents, ce qui augmente sa valeur : plus le nombre de fins assignables différentes est élevé, plus la valeur de l'outil augmente. Étant un outil absolu, l'argent est le plus polyvalent des outils et donc sa valeur devient importante, au point que « la valeur d'une somme d'argent particulière dépasse la valeur de chaque objet particulier obtenable en échange » (p. 246), puisqu'elle donne une grande liberté de choix qui fait partie de sa valeur. De ce point de vue, dans l'échange – commercial ou salarial, c'est-à-dire travail contre salaire –, c'est toujours le possesseur d'argent qui a l'avantage sur le possesseur de marchandise (bien matériel, service, travail). En étant universellement utilisable, l'argent a toujours, de ce point de vue, la valeur maximale possible, c'est-à-dire celle du bien le plus important, le plus désiré au moment de l'échange. Par ailleurs, l'argent n'a pas de limite temporelle, il peut être utilisé immédiatement ou plus tard, contrairement à d'autres objets d'échange possibles comme des denrées périssables, du poisson pour reprendre l'exemple de Simmel page 249, ou non encore utilisables, comme des manteaux de fourrure en été, propose le philosophe.

Argent et organisation sociale – Ainsi, de cette supériorité intrinsèque de l'argent sur la marchandise ou le travail, naît ce que Simmel appelle le *superadditum* de la richesse, c'est-à-dire de la valeur se surajoutant (c'est le sens du mot *superadditum*) à la valeur de l'argent possédé par quelqu'un : il peut, dans le cadre de l'échange, demander une « prime » (un geste commercial du vendeur, par exemple), car il perd en quelque sorte plus à se dessaisir de son argent que le vendeur en se dessaisissant de sa marchandise. Mais en valeur pure, cela donne un avantage à celui qui arrive à l'échange avec de l'argent. L'homme riche est, du fait de son aisance financière, détenteur de « petits privilèges » dus au fait qu'il est celui qui, dans l'échange, se dessaisit de l'argent. Cela s'étend même à une réputation a priori de respectabilité (Simmel utilise le mot anglais *respectability* [p. 254]), d'honnêteté morale qui s'oppose à celle de coupable du pauvre. Selon la richesse de chacun, la signification réelle de la transaction va changer. En cela, la richesse est un pouvoir : Simmel joue sur le terme allemand *Vermögen* qui signifie à la fois pouvoir et de grands moyens pécuniaires. C'est parce qu'il n'a pas de contenu spécifique, qu'il est pure forme, que l'argent devient donc le signe et l'instrument de la puissance.

Autre « surajout » de la richesse, la plus grande marge de manœuvre de l'homme riche dont la proportion de ressources consacrée aux besoins vitaux est bien inférieure à celle d'un pauvre. De ce fait, par exemple, les prix des biens de base, parce qu'ils doivent pouvoir être achetés par les pauvres, baissent, ce qui constitue un nouvel avantage pour l'homme riche. Au fond, la liberté totale offerte par l'argent n'est réelle que pour le riche. Le pauvre, lui, n'a pas un argent neutre, puisque ces dépenses sont en grande partie déterminées. Ainsi, plus la quantité d'argent est importante, plus l'argent lui-même se vide de contenu objectif, et donc, plus il implique la puissance. Pour être

« valeur de toutes les possibilités » (p. 259), il doit donc être présent en quantité suffisante. De cette manière, la richesse mène au vrai pouvoir, comme le montre le fait que bien des positions de pouvoir sont bénévoles : seuls les riches peuvent les occuper, ce qui rend ces places presque héréditaires et crée ce que Simmel appelle une « ploutocratie totale », à savoir le pouvoir exercé par les détenteurs d'argent (p. 257).

L'argent, parce qu'il est neutre et facilement transportable, intéresse particulièrement les groupes sociaux qui ne peuvent pas avoir d'autre type de puissance. Simmel donne un certain nombre d'exemples : affranchis à Rome (esclaves libérés qui, cependant, ne deviennent pas citoyens romains), Arméniens en Turquie, Mauresques, populations d'origine arabe en Espagne, ou quakers (mouvement religieux puritain dissident de l'Église anglicane) en Angleterre. Ces populations s'occupent souvent du commerce d'argent, qui, à l'inverse de l'industrie, par exemple, demande peu de conditions matérielles complexes, car elles n'ont pas peur du déclassement social de l'homme d'argent. Le philosophe affirme que ce risque de déclassement vient de la neutralité de l'argent, car le bailleur de fonds n'a aucune attache dans le réel et est donc toujours susceptible de trahir, il est « plus facilement suspect » (p. 251). De plus, le droit de percevoir un intérêt, affirme Simmel, est le seul que l'on ne peut enlever aux catégories sans droit, ce qui pousse ces populations à pratiquer les métiers de la banque. L'argent donne donc « des emplois, de l'influence, des plaisirs, quand on est exclu de certains moyens directs de rang social (la qualité de fonctionnaire), de certaines professions réservées à eux, de l'épanouissement personnel en résultant » (p. 261).

Sur le même thème, Simmel aborde le cas des Juifs d'Europe qui forment, selon lui, « le plus bel exemple de cette corrélation entre la centralité de l'intérêt pécuniaire et l'oppression sociale » (p. 262). Ils ne forment pas seulement une catégorie sans droits, comme celles évoquées plus haut, mais un groupe étranger, extérieur au reste de la société. De fait, cette extériorité oblige à n'entretenir avec le groupe social que des relations soumises à la médiation de l'argent (puisqu'il est utilisable ailleurs, si la situation l'impose). De manière plus générale, au départ, le commerçant est un étranger, il apporte des biens qui ne sont pas produits localement. Lorsque le commerçant n'est plus un étranger au sens strict, il reste en dehors du groupe car il ne parvient pas à s'insérer dans le système productif et ne peut donc se tourner que vers l'échange. Il est en quelque sorte dans la nature de l'argent d'être en position extérieure, car il est de la valeur qui voyage, qui circule et qui n'est pas limitée par les frontières politiques. Ainsi les grandes Bourses du XVIe siècle (Lyon et Anvers) ont-elles été créées sous l'influence d'étrangers : le capitalisme à sa naissance s'est extirpé du local, s'est développé en dehors des frontières et a été marqué par un réel « expansionnisme » et une tendance « dévoreuse d'espace » (p. 266). Dans le capitalisme moderne, en revanche, l'activité financière ayant conquis le monde économique, la notion d'étranger a perdu de sa pertinence, si ce n'est qu'une certaine distance personnelle, une certaine extériorité, reste nécessaire dans les affaires.

L'argent comme fin

L'argent comme fin absolue – On l'a dit, l'argent n'a aucune valeur en soi, il n'est qu'un outil dans une série téléologique. Cependant, grâce à ce que Simmel appelle « l'expansion psychologique des qualités », la valeur de l'un des membres de la série (en l'occurrence, l'objet acquis) rejaillit sur tous les autres membres, et notamment sur les outils qui permettent d'obtenir la finalité de la série. Plus encore, cette finalité (interne, l'objectif apparu dans le sujet) peut disparaître de la série (en cours de processus, par exemple) sans enlever la validité de l'ensemble : « Il nous suffit, pour agir dans des séries téléologiques, que cette énergie unitiée [la finalité] ait été présente dans le passé, que la finalité ait simplement déjà existé » (p. 272). Cela est même une bonne chose, car cela permet de concentrer nos efforts sur les moyens, ce qui, paradoxalement, aide à obtenir la finalité *réelle* du processus : « Le mieux que l'on puisse faire pour le but final, c'est de traiter le moyen qui y mène comme s'il était lui-même le but. » C'est ce que Frédéric Vandenberghe appelle « l'économie d'effort » (*La sociologie de Georg Simmel*).

Ainsi, le moyen devenant fin, l'argent étant moyen absolu, il devient fin absolue (p. 275) :

> Jamais objet exclusivement redevable de sa valeur à sa qualité d'intermédiaire et à sa convertibilité en valeurs plus définitives, n'a su s'élever aussi résolument, aussi complètement jusqu'à un absolu psychologique de la valeur, jusqu'à une finalité qui absorbe entièrement la conscience pratique.

L'argent devient « l'objet de la convoitise finale » et, du fait de la croissance de sa valeur, « la conscience téléologique s'arrête définitivement à lui » (p. 275). Ce processus est un processus moderne, lié à l'industrialisation, car l'argent sert à la production avant de servir à la consommation. L'époque moderne valorisant l'idée de force sur celle de substance – c'est-à-dire d'être immuable –, l'argent, « naturellement fluctuant, toujours prêt à sortir de lui-même » (p. 278), symbolise cette société de façon idéale. Une telle évolution a une conséquence assez radicale : « Tout est coloré par l'intérêt pour l'argent : l'apparence générale de la vie, les interrelations humaines, la civilisation objective » (p. 281). En cela, il remplace la religion, dont les valeurs perdent en efficacité. Comme l'idée de Dieu, l'argent rassemble en lui toutes les contradictions et les résout, il est, pour reprendre le terme de Nicolas de Cuse, penseur et prélat allemand du XVe siècle, la *coincidentia oppositorum* : l'argent est une « unité globalisante » (p. 282). C'est pourquoi, comme le dit le poète allemand du XVIe siècle Hans Sachs : « L'argent est ici-bas le dieu terrestre. »

Typologie psychologique de la valeur absolue – C'est parce que l'argent devient « valeur absolue » que naissent un certain nombre d'attitudes extrêmes face à lui, que Simmel catégorise en quatre figures : l'avare, le prodigue, le cynique et le blasé. Pour l'avare, « le réflexe subjectif de l'avoir, qui d'habitude pousse à acquérir et à posséder, n'est pas ce qui porte ici la valeur, mais le simple fait, strictement objectif et sans autre conséquence personnelle, que ces choses sont justement en [sa] possession » (p. 284). Ainsi, l'avare dépasse le sentiment subjectif de la possession pour y chercher « la valeur objective d'un ordre universel » qui ressemble au rapport du croyant à Dieu. Cela crée une ambiguïté (p. 285-286) :

> Il y a, certes, un besoin de posséder, mais ce besoin ne débouche pas sur le résultat subjectif normal, et la possession, même en l'absence

de ce dernier, est ressentie comme précieuse, comme un but digne d'être recherché.

Ainsi, l'avarice est une rupture de la série téléologique avant que cette dernière n'opère son retour sur le sujet. Le processus ne va pas à son terme et l'ensemble n'est pas « normal ». Simmel parle même de l'avarice et de la cupidité comme de « dégénérescences pathologiques de l'intérêt monétaire » qui s'apparentent à d'incontrôlables désirs de puissance (la possession pure conservant les possibles de l'argent, et donc son pouvoir). Enfin, l'argent, contrairement à un objet dont je voudrais jouir, ne réserve aucune surprise ou aucune déception, il ne peut y avoir aucune différence entre ma représentation a priori et la réalité, puisque l'argent n'a aucune réalité, ni aucune caractéristique propre. C'est sans doute une des racines profondes de l'avarice.

Prodigue, dit le dictionnaire *Trésor de la langue française*, signifie « qui dilapide son bien en dépenses excessives ». La prodigalité, même si elle semble a priori être l'inverse de l'avarice, est en réalité tout à fait liée à elle. L'attrait du moment de la dépense « l'emporte chez le prodigue sur une estimation adéquate de l'argent d'une part et des objets d'autre part » (p. 297). C'est donc que la possession de l'argent l'emporte, pour lui, sur le membre final de la série téléologique, c'est-à-dire l'objet acquis. « L'argent lui est presqu'aussi essentiel qu'à l'avare, mais sous la forme de la dépense et non de la possession. » L'ostensible indifférence que le prodigue montre envers l'argent n'est, en fait, qu'une façon de le confirmer dans son importance suprême : « Ce comportement négatif vis-à-vis de l'argent, net et délibéré, se fonde, comme par un processus dialectique, sur son propre contraire, et c'est de là seulement que peut lui venir quelque sens et quelque attrait. » D'ailleurs, la haine de l'argent, « la pauvreté comme valeur définitive », fonctionne un peu de même (p. 303) :

> Dès que la pauvreté apparaît comme idéal moral, la possession de l'argent est aussi ce qu'elle exècre comme la pire tentation, comme le mal en soi.

Chez les moines bouddhistes ou chez les franciscains, c'est parce que la haine de l'argent est élevée en dogme que son importance est révélée : « La négation du sens de l'argent s'élève à la même forme d'absolu que lui. » (p. 306) Il faut ajouter qu'avarice et prodigalité ne peuvent connaître de fin, puisque la seule fin possible à ce processus est la jouissance de l'objet acquis : or, l'avare comme le prodigue rompent la série téléologique avant qu'elle puisse donner lieu à cette jouissance (« l'anticipation et la potentialité de la valeur monétaire vont à l'infini », p. 300).

Les deux autres « catégories » que Simmel propose, le cynisme et le blasement, se fondent sur une autre caractéristique de l'argent : le fait qu'il ramène à une unique valeur, il « fixe l'intérêt sur ce que [les choses] ont de commun » (p. 308). Le blasé ne parvient pas à ressentir les variations de valeur, qui sont à la source de « toute la vivacité du sentir et du vouloir », alors que le cynique, lui, ne se réjouit que de la baisse des valeurs et s'emploie à les détruire. Frédéric Vandenberghe cite l'extrait suivant de Simmel : « Si le cynique, qui s'acharne à détruire les valeurs, reconnaît implicitement celles-ci, le blasé, que l'on retrouve surtout dans les grandes villes, est incapable de ressentir des différences de valeurs, non pas au sens où celles-ci ne seraient pas perçues, comme c'est le cas pour les crétins, mais au contraire, parce qu'il est émoussé à l'égard des différences entre les choses et donc à l'égard des choses elles-mêmes » (*La sociologie de Georg Simmel*).

Perspective 2

Comprendre l'argent

Les difficultés d'une définition

L'argent et les mécanismes de l'échange

L'argent dans les relations humaines et sociales

Une maladie de l'âme ?

Les difficultés d'une définition

Les mots de l'argent

Un terme singulier – Par sa dénomination même, l'argent apparaît comme une réalité complexe. Car, au fond, quand on parle d'argent, de quoi parle-t-on ? Des pièces et des billets que nous avons sur nous ? Des métaux précieux qui ont été, pendant des siècles, la manifestation concrète de la richesse et la base du système monétaire ? De la monnaie comme unité de compte ? De celle qui a cours à tel ou tel endroit (ce que les Anglo-Saxons appellent *currency* : le dollar aux États-Unis, la livre sterling aux Royaume-Uni, l'euro dans les seize pays de la zone du même nom…) ? Le mot « argent » recouvre, en fait, des réalités très diverses. Lorsque j'achète un objet de la vie courante, j'utilise de l'argent. Mais quel rapport entre la somme que je dépense alors et l'argent considéré comme phénomène, comme force, encensée ou dénoncée, qui est au fondement de l'économie humaine d'aujourd'hui quand on parle, par exemple, de « l'argent roi » ? Le français ajoute à cette ambiguïté que l'on retrouve dans bien des langues l'homonymie avec le métal argent qui n'est pas sans rapport avec le sens financier (le système monétaire occidental ayant été pendant des siècles un système bimétallique, c'est-à-dire fondé sur la richesse effective en or et en argent), mais qui, en revanche, en est parfaitement distinct : l'argent-monnaie n'est pas nécessairement en métal, et encore moins en argent.

De fait, le mot « argent » a de nombreux synonymes partiels : monnaie, numéraire, espèces, fonds, ressource, richesse, capital, pécule, recette (pour citer ceux que recense le *Petit Robert*). Et aucun de ces termes n'est exactement équivalent aux autres : la monnaie est la base d'un système d'échange, le pécule, le capital et le fonds désignent de l'argent accumulé, le numéraire est une unité de compte, la recette est de l'argent gagné, la richesse, de l'argent qui indique une certaine prépondérance sociale, les espèces désignent, au départ, la monnaie métallique… Tous ces mots renvoient donc à une réalité mouvante qu'il serait bien imprudent de vouloir définir d'une phrase, mais qui, paradoxalement, ne reste obscure pour personne. L'argent est un élément du discours fondamental : c'est un inépuisable sujet de conversation, voire de disputes, il a intégré, en tant que tel, les règles de savoir-vivre (« on ne parle pas d'argent à table ») et la langue la plus orale (on ne compte plus les mots d'argot pour le désigner : fric, pèze, flouze, cash, pognon, tune, fraîche…). C'est ici la première ambiguïté de notre objet : il est difficile à cerner mais c'est également une évidence pratique du quotidien. Un dernier mot sur cet apparent paradoxe : si nul, ou presque, n'ignore le fonctionnement de base d'un compte en banque ou encore le système des chèques, rares sont ceux qui peuvent s'enorgueillir de comprendre de façon profonde les arcanes de la finance internationale. Or, dans les deux cas, il s'agit bien d'argent.

Les mots de l'argent et leur puissance – Cette place importante qu'occupe la réalité-argent dans la vie de chacun de nous donne, par ailleurs, au terme lui-même une « force » évocatrice presque sans égale. Parce qu'il est à la fois mystérieux et omniprésent, l'argent est un embrayeur puissant dans l'ordre des représentations. Là encore, on rencontre la contradiction : une même phrase (par exemple : « il a beaucoup d'argent ») peut donner lieu à un nombre infini de connotations (méprisante, admirative, colérique, envieuse…) et de sous-entendus. Loin d'être neutre, le mot « argent » est lourd de tous les affects, de toutes les analyses, de tous les débats que la réalité-argent a suscités.

Ainsi, lorsque Émile Zola décide d'intituler *L'Argent* le dix-huitième roman de sa série des *Rougon-Macquart*, il n'ignore pas qu'il donne à son récit un titre ambitieux et qui ouvre bien des portes à l'interprétation : l'article défini permet d'envisager le sujet à la fois comme un *phénomène* (social, économique…) que l'œuvre aura la charge d'élucider, ce qui fait du titre une sorte de programme, mais aussi comme un personnage à part entière du roman – son unicité lui donnant une sorte d'individualité propre –, ce que la convention typographique qui demande de mettre une majuscule au mot « argent » semble confirmer, voire comme une sorte de puissance incarnée (au fond, l'argent pourrait être le mot de l'énigme, le moteur de tout ce qui se déroulera dans le récit). Ainsi, l'auteur profite de l'ambiguïté d'un terme à la fois évocateur, imprécis et évident ; il présente dès le titre, et en un seul mot, le champ du récit, l'un de ses intervenants essentiels et le modèle explicatif des événements racontés.

La puissance évocatrice des mots de l'argent, Harpagon la connaît bien, lui aussi. Il sait l'effet que de tels termes peuvent avoir : lorsqu'il évoque, seul en scène (I, 4), la cassette qu'il a enterrée dans son jardin et que surviennent ses deux enfants, il craint d'avoir été entendu : « Ô Ciel ! Je me serai trahi moi-même, la chaleur m'aura emporté, et je crois que j'ai parlé haut en raisonnant tout seul. » De manière générale, l'avare s'entoure de silence, de peur d'être dépossédé. Harpagon, encore, accuse La Flèche (I, 3) de « faire courir le bruit » qu'il a de l'argent. Par une sorte de raccourci comique, il semble assimiler le mot à la chose : parler d'argent, c'est en quelque sorte déjà en perdre. Le modèle latin du personnage de Molière, Euclion, a les mêmes angoisses à propos de sa servante Staphila : « J'appréhende qu'elle ne m'ait malicieusement arraché quelque parole. » Cet interdit de langage n'est d'ailleurs pas toujours compris par ceux qui entourent l'avare. Ainsi le fils d'Harpagon, Cléante, demande-t-il à son père : « Est-ce être votre ennemi que de dire que vous avez des biens ? » (I, 4). Le crime, ici, c'est bien de *dire* la richesse. Mais ces mots sont d'autant plus défendus à autrui qu'ils sont obsédants pour le personnage lui-même : au cours des cinq actes de la pièce, Harpagon n'utilise pas moins de vingt fois le mot « argent ».

Le paradoxe de la monnaie

Quelle place pour la monnaie ? – Au-delà du langage et des représentations, si l'on se concentre sur la réalité du système dont l'argent fait partie (on parlera alors de monnaie), l'ambiguïté ne disparaît pas. Condition absolue des échanges économiques, il détermine dès lors de façon prégnante notre rapport au réel, voire au concret. Notre vie, dans ses aspects les plus prosaïques, est entièrement dépendante de l'argent, qui du coup devient le symbole même de ce qu'elle contient de matériel : ne dit-on pas de quelqu'un qui est exclusivement intéressé par la richesse qu'il est « matérialiste » ? Dans un certain sens, donc, rien n'est plus réel que la monnaie, et elle s'oppose à tout ce qui, n'étant pas de l'ordre de l'échangeable, ne peut a priori s'échanger contre elle : les sentiments, la vie spirituelle, la morale… Autrement dit, l'ordre de l'immatériel.

Une première remarque doit être faite : tout ce qui s'échange n'est pas concret. L'immense catégorie des services commerciaux (c'est-à-dire des services qui sont à vendre) échappe à une vision platement prosaïque de l'échange. Ainsi, dans *L'Avare*, Frosine essaie-t-elle de monnayer ses services d'entremetteuse auprès du grippe-sou Harpagon : elle prend certes le prétexte d'une affaire judiciaire en cours (« J'ai un procès que je suis sur le point de perdre faute d'un peu d'argent ; et vous pourriez facilement me procurer le gain de ce procès, si vous aviez quelque bonté pour moi » [II, 5]), mais le lecteur n'a aucun doute : Frosine réclame son dû, elle qui a arrangé un mariage inespéré pour le vieillard avec la belle Mariane. On peut également penser aux « remisers », dans le roman de Zola, simples porteurs d'ordre, ou aux agents de change (Mazaud, par exemple), rouages essentiels de la Bourse, qui tous gagnent leur vie en proposant des services.

Mais la contradiction va plus loin encore, car c'est la monnaie elle-même qui, bien que réelle et assurant la vie matérielle, n'est en fait pas loin de l'abstraction. Que l'on pense à la *Philosophie de l'argent*, par exemple, où Georg Simmel affirme « l'argent n'est rien d'autre que la relativité des objets économiques, incarnée dans une figure spéciale et signifiant leur valeur » (p. 662). On le sait, la valeur, pour Simmel, ne réside réellement ni dans le sujet ni dans l'objet, mais dans le rapport entre eux (le désir du sujet pour l'objet), puis dans le rapport entre les objets (possiblement désirés par le sujet). Ainsi, la monnaie devient en quelque sorte l'incarnation d'un élément immatériel, d'une *relation*. On aperçoit donc aisément le paradoxe, qui, au chapitre III, s'identifie à la notion d'outil : l'argent est l'outil total, il est « pure instrumentalité » (p. 244), sans contenu spécifique (il n'a pas de fonction déterminée) ni de sens réel en soi (il est un « vide sémantique » [p. 247]). Il est donc essentiel pour la réalité des échanges, il est incontournable dans les « séries téléologiques » longues, c'est-à-dire pour la réalisation des buts difficiles à atteindre que le sujet s'est fixés. Mais, dans ces séries, l'argent n'est qu'un terme médian, il n'est ni le sujet désirant, ni l'objet désiré (du moins au départ), et n'a donc aucune réalité, dans le sens où, hors de son statut instrumental, il perd toute valeur. Il a, pour reprendre l'expression de Simmel, une « nature abstraite de moyen » (p. 249). Contrairement aux épingles que je peux acheter pour m'en servir et qui ont une « valeur autonome » (p. 253), l'argent que je dépense pour les acheter, lui, n'a de sens que dans l'échange. Or les épingles, dans leur utilisation, sont « absolument irremplaçables par l'argent » (p. 253), alors que l'argent, lui, n'a de sens que dans la substitution avec un autre objet ou service (marchandise).

La monnaie en voie d'abstraction – L'argent lui-même, dans sa forme, évolue vers une abstraction. Georg Simmel note que l'argent, après avoir été un objet de valeur concret (l'exemple qu'il donne est le thon dans la ville d'Olbia sur le Dniepr) est devenu symbole de cette richesse réelle (dans le cas des pêcheurs d'Olbia, une pièce de monnaie en forme de thon), grâce à la capacité grandissante d'abstraction de l'espèce humaine, il est devenu « pur symbole » n'ayant plus de valeur intrinsèque. Cependant, au départ, l'argent est le produit d'une objectivation, celle de la valeur, c'est-à-dire l'émergence dans le réel extérieur d'une appréciation individuelle et intérieure. Cette objectivation est au cœur du système de Georg Simmel, et, selon le philosophe Serge Moscovici, revient à « doter d'un caractère matériel nos abstractions et images, métamorphoser les mots en choses, donner un corps à chaque pensée » (*La Machine à faire des dieux*, Fayard, 1988). Ainsi, paradoxalement, l'argent a d'abord été la forme matérielle de ce qui ne l'était pas (la valeur) avant, lui-même, d'évoluer vers l'abstraction. Que l'on compare, par exemple, deux hommes d'affaires, Harpagon et Saccard : le premier est infiniment dépendant d'un argent matériel (et donc par définition sujet au vol, à la perte...) quand le second, lui, ne manipule les fonds que sous la forme d'écritures, sans passage par la forme « sonnante et trébuchante » (si l'on excepte l'étude de Kolb). Deux siècles séparent ces deux personnages.

Le mouvement général de l'argent est celui d'une dématérialisation qui culmine aujourd'hui avec les transactions électroniques grâce auxquelles l'argent n'est même plus symbolisé matériellement (comme dans le cas d'un billet de banque ou d'un chèque). Le mot « compte » annonçait cette orientation globale, réduisant nos possessions pécuniaires (mon compte en banque) à de simples opérations arithmétiques. Une carte de paiement ne symbolise pas l'argent, elle n'est qu'un moyen de transmission d'ordre de transfert de fonds, eux-mêmes réduits à une forme numérale. La dématérialisation implique également une dispersion des lieux de l'argent : la Bourse de Paris, telle qu'elle est décrite par Zola, est un temple, le cœur même du culte de l'argent, et les ordres d'achat ou de vente que lancent Mazaud et Jacoby dans la zone réservée aux agents de change peuvent apparaître comme les cris d'une transe sacrée : « Mais une heure sonna, la volée de la cloche passa en coup de vent sur la houle violente des têtes ; et la dernière vibration n'était pas éteinte, que Jacoby, les deux mains appuyées sur le velours, jetait d'une voix mugissante, la plus forte de la compagnie : "J'ai de l'Universelle... J'ai de l'Universelle..." » (X). Or, avec le développement des technologies numériques, les Bourses mondiales se sont elles aussi désincarnées : il n'y a plus de lieux physiques où se décident les échanges financiers, où se rencontrent vendeurs et acheteurs ; tout se fait à distance et les ordres de transaction sont désormais envoyés de façon numérique.

Pourquoi cette orientation globale vers la dématérialisation, vers l'abstraction ? C'est sans doute qu'il est dans la nature même de l'argent de circuler, et que tout ce qui augmente sa labilité, sa fluidité, renforce sa logique. Mais il reste bien difficile de définir un objet qui perd progressivement son être propre, et qui, dans le même temps, régit tout notre rapport au monde matériel, un objet qui est un simple outil de la vie quotidienne mais qui, par ailleurs, charrie une grande quantité de nos représentations et de nos valeurs.

L'argent et les mécanismes de l'échange

La vente

De l'échange à la vente – Un échange, dans le domaine économique, est un double don, croisé, par lequel un individu A fournit un bien ou un service à un individu B qui lui fournit en retour un autre bien ou service. Il s'agit également d'un accord entre les deux parties sur la valeur des biens ou services échangés, accord qui peut suivre une négociation. Dans le cadre d'une économie monétaire, cet échange se fait entre un bien ou service et une somme d'argent. C'est ce que l'on appelle une vente. L'intervention de l'argent dans le processus d'échange apporte un certain nombre d'avantages précieux. On peut se souvenir de l'analyse que propose de ce phénomène Georg Simmel : « D'innombrables fois, je désirerai l'objet a, qui se trouve en possession de A, tandis que l'objet ou la prestation b, que je fournirais volontiers en échange, restera sans aucun attrait pour A ; ou encore, les biens offerts seront désirés des deux côtés, mais on ne pourra s'entendre par estimation directe sur les quantités fondant leur équivalence » (p. 243). L'argent est donc le « membre intermédiaire » nécessaire qui permet de convertir a et b de manière libre et qui, de cette manière, facilite le processus : sa qualité de produit d'échange n'est limitée ni par le désir de la partie qui fournit la marchandise (car le vendeur pourra utiliser l'argent de la façon qu'il lui plaira), ni par le temps qui pourrait rendre caduque la valeur d'un autre produit d'échange, s'il s'agit d'une denrée périssable.

Pour expliquer cette fonction de l'argent, Simmel va utiliser deux comparaisons : l'argent est comme une « force », c'est-à-dire de l'énergie, produite par exemple par un site hydroélectrique (le premier date de 1880 et se situe dans le Northumberland, au Royaume-Uni) ou la force éolienne : une fois passée par un générateur, l'énergie peut être utilisée à des usages très éloignés des modes de production : l'argent est donc ce générateur qui permet de réorienter de façons diverses la valeur ; Simmel évoque également la « langue généralement comprise » qui est le point de passage nécessaire pour exprimer ses pensées : comme la langue, l'argent permet donc de mettre en *commun* ce qui est, au départ, irréductiblement *individuel*. C'est justement là le principe de l'échange, que le sens général du mot conserve : c'est une mise en commun. Et l'argent, « moyen absolu », est ce qui le rend possible.

La question de la valeur – La présence de l'argent ne règle cependant pas la question principale que l'échange pose : à quelle valeur estime-t-on le bien acheté ? Tout au long du XIXe siècle, deux thèses se sont opposées au sujet de la valeur d'échange. La première consiste à évaluer le bien en fonction de sa valeur d'usage (c'est-à-dire l'utilité et la performance du bien en question pour celui qui l'acquiert), la seconde, appelée thèse ricardienne, d'après l'économiste britannique David Ricardo (1772-1823), considère que la valeur d'un bien correspond à la quantité de travail qu'il a fallu pour le produire. Or, ce débat naît de l'existence même de l'argent. En dehors d'un système pécuniaire (dans un système de troc, par exemple), ce sont les besoins des parties en présence qui seront d'abord pris en compte ; j'échange un bien que je possède et dont autrui *a besoin* contre un bien qu'il possède et dont *j'ai besoin* : l'évaluation ne se détache pas des participants particuliers du processus d'échange. La question de la valeur générale se pose de manière plus réelle lorsque l'argent intervient : le prix estimé sera un prix en quelque sorte « pour tous », ou, du moins, une évaluation générale de la marchandise : dans un certain sens, les fluctuations de prix, dues à celles de l'offre et de la demande, prennent en compte l'ensemble des opérations commerciales, et inscrivent toute vente dans un ensemble plus large, un réseau économique, qui dépersonnalise l'acte en lui-même et crée des interdépendances nombreuses. L'argent devient, de façon évidente, l'échelle de l'évaluation de tous les biens, et ce, du fait qu'il permet l'échange de biens sans rapports d'usage ou de nature entre eux, et qu'il libère en partie l'échange des besoins précis des participants. Plus encore, c'est l'argent qui « crée » en quelque sorte la notion d'économie dans le sens de la possibilité d'un rapprochement rationnellement fondé de toutes les activités de production, échange et consommation de richesses.

Les inégalités de la vente – Il n'est pas innocent, enfin, que la vente signifie l'échange d'un bien ou service précis contre une somme d'argent (ce qui constitue un contraste de départ). Vendre quelque chose, dans certains cas, peut revenir à s'en séparer, à se déprendre de ce qui a une valeur supérieure à la simple valeur d'échange. Que l'on songe, par exemple, dans *L'Argent*, à la vente du domaine des Aublets par Mme de Beauvilliers pour acheter des actions de la Banque universelle. Il est évident que le dernier vestige de la puissance terrienne de cette famille aristocratique a pour sa propriétaire une valeur bien supérieure à celle du marché foncier : « Mais, mon Dieu ! quelle terrible chose, cette fortune déplacée, toute notre existence jouée ainsi ! » (VIII). Dans cet esprit de vieille noblesse, la terre est la seule richesse sûre, et la seule qui convienne à son rang. Il faut comprendre que la vente est un accord, mais qu'il ne s'agit pas nécessairement d'un accord équilibré ou satisfaisant pour tous. On peut se souvenir du roman d'Honoré de Balzac *Le Père Goriot* (1834) où le personnage éponyme, menant une vie assez misérable pour assurer le train de vie somptuaire de ses deux filles, vend tout ce qu'il possède, pour le leur donner ; il ira même jusqu'à tordre et plier sa vaisselle en vermeil (c'est-à-dire en argent plaqué d'or) pour la céder au prix du métal : « Quand Eugène eut achevé cette lettre, il était en pleurs, il pensait au père Goriot tordant son vermeil et le vendant pour aller payer la lettre de change de sa fille » (chapitre 2). Ici, la vente est forcée, nécessaire, elle n'est qu'une perte (d'autant qu'elle sert à rembourser une dette). À l'inverse, l'achat peut aussi constituer une violence, notamment quand la ressource argent est rare ; comme le dit Simmel, le pauvre perd la liberté offerte par l'argent, car ses dépenses sont assignées par ses besoins. Le couple Jordan, dans *L'Argent*, est un exemple d'acheteurs contraints, eux qui sont si heureux de posséder quelques meubles : « Leur pauvre petit ménage de l'avenue de Clichy, ces quatre meubles d'acajou et de reps bleu qu'ils avaient payés si difficilement à tant par mois, dont ils étaient si fiers, bien qu'ils en riaient parfois, le trouvant d'un goût bourgeois abominable ! » (VI). Ainsi, la vente est-elle loin d'être, par nature, un accord égalitaire, ou un acte psychologiquement ou politiquement neutre.

Le crédit

Principe du crédit – Une des grandes entreprises du capitalisme moderne (c'est-à-dire né au XVIe siècle) a été de détacher l'argent de la richesse concrète, et donc, en Europe notamment, des métaux précieux qui limitaient, par leur quantité disponible, la richesse mondiale. Cela condamnait les sociétés, si elles voulaient s'enrichir, à chercher de nouvelles mines ou à s'emparer du butin d'une autre nation par le moyen de la guerre. C'est ce qui explique la naissance du crédit : en remettant à plus tard le paiement effectif, je permets l'utilisation dissociée dans le temps d'une même somme, j'augmente donc la circulation sans augmenter la richesse effective en métal. Comme le dit l'économiste François Rachline, « la plupart des sociétés humaines n'ont pas attendu la raréfaction progressive des butins et l'épuisement relatif des ressources aurifères de la Nature pour se préoccuper de leur trouver un substitut, le crédit » (*D'où vient l'argent ?*, Panama, 2006). Il s'agit donc de « briser la simultanéité de l'échange » : « Le crédit constitue ainsi une promesse de métal en l'absence provisoire – ou supposée telle – de celui-ci. » Mais, on le voit, l'une des deux parties en présence « sacrifie » un peu de sa richesse (elle perd l'usage de l'argent entre le moment où elle fournit le bien et celui où elle reçoit la somme) et prend un risque (elle ne peut être complètement sûre qu'à l'échéance l'acheteur aura la somme). C'est ce qui explique la pratique des intérêts : pour « équilibrer » l'échange, l'acheteur rendra plus que le prix effectif de la marchandise achetée, et ce supplément est calculé sur le temps de latence entre l'acquisition et le paiement.

Crédit et opprobre social – Le crédit prend une tout autre dimension lorsque ce n'est plus dans le cadre d'une transaction particulière qu'il se met en place, mais en dehors de toute vente, par l'intermédiaire d'un individu dont la profession est de prêter de l'argent contre intérêt. De ce point de vue, le fournisseur d'argent se trouve en quelque sorte dans une position de vendeur : il fournit un service – de l'argent immédiatement – contre un paiement, les intérêts. C'est au fond ce que pense de son métier Gundermann, dans *L'Argent*, lorsqu'il se décrit lui-même comme « un simple marchand d'argent » (III). Mais les autorités politiques et religieuses ont, historiquement, essayé de limiter cette pratique, notamment en interdisant les intérêts prohibitifs. La critique de l'usure, qui désigne ce prêt à intérêt excessif, remonte à l'Antiquité. Le philosophe grec Aristote, par exemple, distingue l'économique, qui correspond à la gestion des ressources dans l'intérêt de la communauté, et la chrématistique, qui désigne l'art d'acquérir des richesses : « Or que l'art d'acquérir des richesses ne soit pas identique à l'art d'administrer une maison [le mot économie vient du grec *oikos* qui signifie maison, foyer], c'est là une chose évidente » (*La Politique*, Vrin, 1995). Le philosophe condamne la chrématistique commerciale comme étant une façon de fabriquer de l'argent à partir de l'argent, sans production réelle. L'Église catholique, elle, reproche au prêt à intérêt d'être contraire à la charité, qui est l'une des vertus cardinales. Cette condamnation, de la part d'une institution aussi puissante, aura pour conséquence une lourde réprobation sociale de cette activité dans la majeure partie de l'Europe jusque dans la première moitié du XXᵉ siècle. Ainsi, lorsque Harpagon évoque le prêt à gigantesque intérêt qu'il impose, sans le savoir, à son fils, il prétend justement agir par charité : « La charité, maître Simon, nous oblige à faire plaisir aux personnes, lorsque nous le pouvons » (II, 2). C'est ici, de la part de Molière, un effet comique presque brutal du point de vue du public de 1668, la mauvaise foi de son personnage ne connaissant aucune limite. Le théâtre des premiers siècles de l'époque moderne a souvent évoqué ce thème, notamment pour créer un personnage repoussoir (ce qui est le cas d'Harpagon). Que l'on songe, par exemple, au *Juif de Malte* (1589-1590) de l'auteur anglais Christopher Marlowe (1564-1593), qui, parmi d'autres œuvres, inspira une pièce fort célèbre : *Le Marchand de Venise* (1594-1597) de William Shakespeare (1564-1616), où apparaît un personnage d'usurier cruel et vindicatif, Shylock, qui ressent de la haine contre les chrétiens. Il faut noter, comme le montrent ces exemples, que l'usurier est souvent assimilé à un juif ; on peut penser aux insultes qu'inspirent à Cléante les conditions du prêt que lui impose Harpagon : « quel Juif, quel Arabe est-ce là ? » (II, 1). Nul doute que le violent antisémitisme qui a sévi en Europe pendant de nombreux siècles a trouvé un de ses prétextes dans la pratique du crédit ; nos trois références le montrent assez. Georg Simmel affronte cette question sans l'esquiver et montre qu'il faut évidemment inverser la relation de cause à effet : c'est bien parce que les communautés juives d'Europe sont rejetées aux marges de la société qu'elles se spécialisent dans des activités réputées infâmes, comme le crédit et les activités d'argent : « La relation des juifs au système de la monnaie s'exprime [...] par une constellation sociologique traduisant elle aussi ce caractère de l'argent. Le rôle joué par les étrangers au sein du groupe social les assigne d'emblée à ce type de rapports médiatisés par l'argent, en premier lieu à cause de sa facilité de transport et d'usage au-delà des limites de groupe. » (p. 263) C'est au fond ce qu'affirme, dans *L'Argent*, Madame Caroline face à l'épouvantable antisémitisme de Saccard : « Pour moi, les juifs, ce sont des hommes comme les autres. S'ils sont à part, c'est qu'on les y a mis » (XII).

Le crédit et le paradoxe de l'économie européenne – Cependant, la société européenne est celle où s'est développé le capitalisme financier, grandement fondé sur l'usage du crédit. Certains penseurs des XIXᵉ et XXᵉ siècles ont lié ce développement à celui du protestantisme (luthérianisme, anglicanisme ou calvinisme), qui accepterait plus volontiers le développement de la finance. On se souvient, par exemple, de l'analyse du sociologue allemand Max Weber (1864-1920), notamment dans son livre *L'Éthique protestante et l'esprit du capitalisme* (1904-1905), où il établit un lien entre le développement du capitalisme en Europe et celui de l'éthique du travail du protestantisme, notamment puritain. Cette analyse a depuis été fortement nuancée. En effet, les premiers banquiers-prêteurs de l'Europe ont été des Italiens catholiques et, pour reprendre un exemple de Georg Simmel, les deux grandes places financières du XVIᵉ siècle sont apparues dans des sociétés à majorité catholique : Lyon, fondée vers 1540, et Anvers dont la population est plus mélangée d'un point de vue religieux ; la Bourse des valeurs anversoise est fondée en 1531, mais une première Bourse de commerce y naît en 1460. Il est donc bien difficile, et pour cause, de lier une foi religieuse à l'évolution de la finance.

De manière plus générale, on peut souligner le paradoxe de l'économie occidentale à l'époque moderne : pour reprendre l'analyse de Simmel, l'homme d'argent est certes l'homme le plus puissant (il ne craint pas, par exemple, la conjoncture politique et en tire profit), mais, dans le même temps, il souffre de mauvaise réputation. Il est « plus facilement suspect de trahison qu'un individu quelconque opérant avec des valeurs qualitativement déterminées » (p. 251). On peut songer, par exemple, au riche négociant Jacques Cœur (vers 1400-1456), devenu en 1439 grand argentier du roi de France Charles VII, homme d'une puissance financière gigantesque qui sait se rendre indispensable à la Couronne : il permet la restauration monétaire du royaume et est anobli en 1441. C'est cette même richesse et sa qualité d'homme d'argent, puisqu'il est aussi banquier, qui signent sa disgrâce et retournent le roi, ainsi que son grand conseil, contre lui : il est accusé de lèse-majesté en raison de présumées malversations, ainsi que de bien d'autres crimes, dont celui d'avoir fait empoisonner la favorite du roi. Après un procès inique qui dura de 1451 à 1453, il dut fuir en 1454 sous la protection du pape et se vit confisquer une grande partie de ses biens. On le voit, la puissance purement financière fut longtemps une position dangereuse ; mais ceux qui la détenaient, et qui pouvaient prêter de l'argent en quantité, n'en restaient pas moins nécessaires au développement économique de l'Europe.

Le jeu
Les spécificités du jeu boursier – Le système de la Bourse tient à la fois de la vente et du crédit : les titres (les actions) sont à la fois des parts de la société (et donc celui qui les achète devient partiellement propriétaire de celle-ci) et des « prêts » (puisque l'argent qui en résulte sera dépensé par l'entreprise avant qu'il ne soit gagné par son activité propre). Au-delà, le jeu boursier a eu pour conséquence, à partir du XIXe siècle, de détacher l'activité financière de l'activité économique, c'est-à-dire productrice de richesses : le marché boursier connaît une logique propre, certes liée à celle de l'économie, mais qui peut s'en détacher pour la raison qu'il réagit à court terme. Ainsi, dans *L'Argent*, les rumeurs de poursuite de la guerre en Europe font-elles baisser la Bourse, alors que Saccard, grâce à une indiscrétion de Huret, peut profiter de la nouvelle de la paix en sachant, à l'avance, que cette simple nouvelle fera rebondir les cours : « "Eh bien, l'empereur d'Autriche cède la Vénétie à l'empereur des Français, en acceptant sa médiation, et ce

dernier va s'adresser aux rois de Prusse et d'Italie pour amener un armistice." Il y eut un silence. "C'est la paix, alors ? – Évidemment." Saccard, saisi, sans idée encore, laissa échapper un juron. "Tonnerre de Dieu ! et toute la Bourse qui est à la baisse !" » (VI). Ainsi, il s'agit d'un marché très sensible favorisant des réactions irrationnelles. Le terme même de « jeu », qui apparaît si souvent dans le roman de Zola, sous-entend qu'il ne s'agit pas d'une activité fondée sur la seule raison. Rappelons-nous la baronne Sandorff, qui perd tout sens de son rang à cause de la fièvre du jeu, ou encore les époux Maugendre qui finiront par tout perdre et vivre aux dépens de leur fille et de leur gendre, les Jordan. Plus qu'une réalité enfantine, le mot rappelle le vocabulaire du casino, des jeux de hasard : là encore, la connotation est celle de l'absence de véritables règles fondées en raison. Le raisonnement n'est d'aucune utilité (sauf si l'on a les nerfs ou la puissance intellectuelle d'un Gundermann) pour devenir une sommité de la Bourse, comme le prouve le personnage d'Amadieu (I) :

> Lorsque les titres étaient tombés à quinze francs, et que l'on considérait tout acheteur comme un fou, il avait mis dans l'affaire sa fortune, deux cent mille francs, au hasard, sans calcul ni flair, par un entêtement de brute chanceuse. Aujourd'hui que la découverte de filons réels et considérables avait fait dépasser aux titres le cours de mille francs, il gagnait une quinzaine de millions ; et son opération imbécile, qui aurait dû le faire enfermer autrefois, le haussait maintenant au rang des vastes cerveaux financiers.

Les dangers du jeu – En détachant l'argent de son usage premier (celui d'une transaction argent contre bien ou service), la Bourse participe d'un phénomène que décrit Georg Simmel : la transformation de l'argent en valeur absolue. L'argent est à la fois ce qui nourrit la Bourse et ce qu'elle « produit », ce que chacun veut gagner et remporter. C'est ce qui explique la possibilité de ce que l'on nomme des « bulles spéculatives », c'est-à-dire une augmentation artificielle et uniquement boursière de certaines valeurs ou du marché dans sa globalité : la hausse des cours n'est expliquée par aucune réalité économique (comme une augmentation des profits de l'entreprise ou de vraies perspectives de gains) et n'est le fruit que de la spéculation. Ces « bulles » sont nommées ainsi parce que, fatalement, elles finissent par être crevées, et les cours par chuter brutalement. En 1929, c'est une bulle spéculative globale qui plonge le monde dans la crise pour une dizaine d'années (le krach du 24 octobre est l'éclatement de cette bulle). Autre exemple : à la fin des années 1990, les valeurs liées à l'économie numérique connaissent des records de hausse, mais ces performances boursières ne reposant, dans de trop nombreux cas, sur aucun profit commercial réel, les cours des valeurs « internet » se sont effondrées en 2000, causant d'innombrables faillites.

Il y a donc un véritable danger du jeu, qui, pour le joueur, constitue souvent son principal intérêt. En vérité, le risque est même au cœur de l'activité boursière et cela explique le montant des profits que l'on peut y réaliser. La Bourse est le lieu où se font et se défont des fortunes immenses en quelques heures, elle « court-circuite », si l'on peut dire, le processus normal de création de richesses qui est la production. Ainsi peut disparaître la fortune de l'industriel Sédille âprement acquise en plusieurs décennies, chez Zola (III) :

> À quoi bon donner trente ans de sa vie, pour gagner un pauvre million, lorsque, en une heure, par une simple opération de Bourse, on peut le mettre dans sa poche ? Dès lors, il s'était désintéressé peu à peu de sa maison qui marchait par la force acquise ; il ne vivait plus que dans l'espoir d'un coup d'agio triomphant ; et, comme la déveine était venue, persistante, il engloutissait là tous les bénéfices de son commerce.

L'argent dans les relations humaines et sociales

Un organe de pouvoir et d'action : la question morale et politique

L'origine publique de la richesse – Quand il s'agit d'argent, « avoir » signifie « pouvoir », sauf peut-être dans le domaine de l'action publique. Cependant, il ne faut pas voir une opposition de nature entre pouvoir financier et pouvoir politique. Au contraire, l'origine même de l'accumulation de métaux précieux est publique et passe, par définition, par la personne du «prince», comme le fait remarquer l'économiste François Rachline (*D'où vient l'argent?*, Panama, 2006) : «Le chef primitif n'accumule pas de biens pour construire une fortune. Il lui faut tout au contraire faire montre de prodigalité pour se maintenir dans sa position. Il n'est pas riche, au sens que nous donnons aujourd'hui à ce mot, en biens possédés, mais apte à donner.» Ainsi, la concentration de la richesse financière est au départ communautaire, non au sens d'une propriété commune, mais dans le sens où l'outil de transaction, la monnaie, sera unique. À la tête du groupe, le chef est celui qui fait circuler la richesse et permet l'activité économique. Reprenons un exemple de François Rachline : «On ne surnomma point Louis XIV le Riche ou le Fastueux, mais le Grand.» La gloire même du prince vient de sa capacité à causer cette circulation, à être la source du flux financier.

Cependant cette vision est sans doute historiquement limitée. Ainsi, peut-on voir des conséquences de cette conception dans *L'Avare* : Harpagon, chef de famille, ne joue pas son rôle justement parce qu'il ne fait pas circuler l'argent, parce qu'il tient fermement les cordons de la bourse et ne permet pas à ses enfants de poursuivre une vie normale. Mais lorsque l'on en vient au XIXe siècle, la situation a bien changé, et le pouvoir politique n'est plus le garant de la richesse. Il en est même parfois dépendant, comme le prouvent les visites que reçoit Gundermann dans *L'Argent* (III) :

> Malgré sa sourde irritation, Saccard commençait à être envahi d'un respect. Il avait reconnu le monsieur blond, le représentant d'une des grandes puissances, plein de morgue aux Tuileries, ici la tête légèrement inclinée, souriant en solliciteur. D'autres fois, c'étaient de hauts administrateurs, des ministres de l'empereur eux-mêmes, qui étaient reçus ainsi debout dans cette pièce, publique comme une place, emplie d'un vacarme d'enfants.

La fortune complètement privée (et donc n'entraînant aucun devoir public spécifique) est née entre ces deux exemples. Entre-temps, il faut le noter avec Georg Simmel, la monnaie est devenue le cœur même de l'économie mondiale : «La forme monétaire de la circulation [...] s'est emparée de la totalité de la sphère économique» (p. 268). Cela dit, le pouvoir financier n'est jamais tout à fait à l'abri de la puissance publique (qui détient la *force* par la police, l'armée et la justice) : certains financiers de la Russie postcommuniste en ont fait l'amère expérience.

L'argent, outil de maîtrise – Qu'il double ou non le pouvoir politique, l'argent rend possibles le contrôle et la maîtrise : des choses, d'abord, puisqu'il permet de les acquérir et de les utiliser, mais aussi des gens. La même évolution qui a fait de l'argent le poumon unique de l'économie mondiale fait que, sans argent, un individu est quasiment condamné à disparaître. Ainsi, et c'est un premier mode de maîtrise par l'argent, en jouant sur les ressources financières d'autrui (lorsqu'on en a la possibilité), on acquiert un pouvoir phénoménal. Songeons, par exemple, au personnage de Busch dans le roman de Zola. En rachetant d'anciennes reconnaissances de dettes dont il réclame le dû avec intérêt aux malheureux qu'il traque, il se rend maître de leur destin, capable comme il l'est de leur faire tout perdre : on se souvient des pauvres époux Jordan, qui échappent de peu au désastre, ou des dames Beauvilliers que le bourreau vient trouver jusque dans le garni où le krach de l'Universelle les a envoyées (XII) :

> – Jamais je ne paierai une pareille dette. – Alors, nous allons prendre une voiture, en sortant d'ici, et nous rendre au Palais, où je déposerai la plainte que j'ai rédigée d'avance, et que voici… Tous les faits que mademoiselle vient de vous dire y sont relatés. – Monsieur, c'est un abominable chantage, vous ne ferez pas cela. – Je vous demande pardon, madame, je vais le faire à l'instant. Les affaires sont les affaires.

De même, Harpagon n'hésite pas à pratiquer un taux d'usure effroyable, fort du désespoir dans lequel se trouve son débiteur, dont il ignore qu'il s'agit de son fils. Ainsi La Flèche fait-il remarquer à son maître (II, 1) :

> Ma foi ! Monsieur, ceux qui empruntent sont bien malheureux ; et il faut essuyer d'étranges choses, lorsqu'on en est réduit à passer, comme vous, par les mains des fesse-mathieux.

Et Cléante de constater :

> Que veux-tu que je voie ? J'ai besoin d'argent ; et il faut bien que je consente à tout.

Contrôler les ressources financières d'autrui n'est pas le seul moyen qu'offre l'argent pour acquérir du pouvoir sur lui. L'argent, «objet de convoitise finale», est plein d'une puissance évocatrice telle qu'il peut amener l'individu à dépasser la morale, ses convictions, son rang et les autres convenances sociales. Dans *L'Argent*, le pauvre Sédille, on l'a vu, engloutit son usine dans de mauvaises opérations boursières :

> À quoi bon donner trente ans de sa vie, pour gagner un pauvre million, lorsque, en une heure, par une simple opération de Bourse, on peut le mettre dans sa poche ?

C'est aussi au mépris de sa classe sociale et des convenances que la baronne Sandorff finit, pour obtenir un conseil, et donc optimiser ses gains, par se donner à l'homme qu'elle méprise le plus, Jantrou (XI) :

> Et la chose curieuse, logique du reste, c'était la déchéance finale de la baronne Sandorff, tombée à cet homme, au milieu du désarroi de la catastrophe, enragée et voulant rattraper son argent.

De manière plus générale, la puissance sociale peut être vue comme une conséquence directe et automatique de l'abondance d'argent. C'est, en partie, ce que Georg Simmel appelle le *superadditum* de la richesse : à un ajout de puissance financière (sous la forme de primes, par exemple, de la part de ses fournisseurs) correspond également un ajout de puissance sociale. «La fortune passe même pour une sorte de mérite moral» (p. 254). De cette hypothétique moralité naît une respectabilité bien réelle dont le possesseur d'argent profite. Ainsi, «la pure potentialité à quoi s'identifie l'argent, dans la mesure où il est simple moyen, se condense alors en une représentation homogène de pouvoir et de sens, laquelle agit également comme un pouvoir et un sens bien concrets au profit de son possesseur» (p. 255).

L'argent, outil d'action – La ressource financière s'avère, en général, nécessaire à toute action d'envergure. Cela naît bien sûr de la nature même de l'argent : simple outil, «moyen absolu», pour reprendre l'expression de Simmel (p. 244) : il a donc pour fonction de permettre la réalisation de la série téléologique à laquelle il participe. Mais, à la question de l'action, s'ajoutent celle de la morale – la justification et le droit de l'action –, et, de façon connexe, celle de l'identité morale de l'argent. De ce point de vue, le débat est bien difficile à trancher. La tradition judéo-chrétienne et, plus généralement, antique a toujours eu tendance à stigmatiser l'argent comme mauvais en lui-même. Que l'on se souvienne, par exemple, de cette parole de l'Évangile selon Matthieu : « Nul ne peut servir deux maîtres : ou il haïra l'un et aimera l'autre, ou il s'attachera à l'un et méprisera l'autre. Vous ne pouvez servir Dieu et l'Argent » (6, 24). Voilà qui est radical : on ne peut à la fois aimer le principe même de l'univers (le divin) et la richesse. Ici, l'écrit sacré rejoint la tragédie profane, celle de Sophocle, par exemple : « Car l'argent est la plus funeste des inventions des hommes. Il dévaste les villes, il chasse les hommes de leurs demeures, et il pervertit les esprits sages, afin de les pousser aux actions honteuses ; il enseigne les ruses aux hommes et les accoutume à toutes les impiétés » (Créon dans *Antigone*).

Mais à l'époque moderne naît une idée qui finira par devenir majoritaire : celle de la neutralité morale de l'argent. On peut reprendre ici le raisonnement de Georg Simmel, l'argent en tant que tel n'a ni valeur, ni contenu idéologique, ni orientation morale ; seul l'usage qui en est fait (et notamment le passage progressif à un argent fin absolue) peut être évalué.

Dans son roman, Zola essaie apparemment de lier les deux conceptions. Qu'on se souvienne des pensées de Madame Caroline sur lesquelles le roman se clôt (XII) :

> Pourquoi donc faire porter à l'argent la peine des saletés et des crimes dont il est la cause ? L'amour est-il moins souillé, lui qui crée la vie ?

L'argent n'est donc pas moralement neutre, il est « souillé » par nature, il est la « cause » de toutes sortes de « saletés » et de « crimes » et Madame Caroline s'emporte parfois violemment contre lui. Mais c'est à ses résultats que l'on peut le juger, et, pendant tout le roman, c'est à ceux espérés en Orient que la jeune femme se raccroche (VII) :

> Mais tout cela, maintenant, se vivifiait, sous une extraordinaire poussée de sève jeune. L'évocation de cet Orient de demain dressait déjà devant ses yeux des cités prospères, des campagnes cultivées, toute une humanité heureuse. Et elle les voyait, et elle entendait la

rumeur travailleuse des chantiers, et elle constatait que cette vieille terre endormie, réveillée enfin, venait d'entrer en enfantement.

Ainsi, pas d'action juste sans argent : pour cet esprit si typique du colonialisme d'un XIXe siècle finissant, la prospérité est la condition sine qua non du développement intellectuel et moral des populations, développement forcément calqué sur la civilisation européenne.

Mais au-delà de la signification morale de l'argent comme stimulateur de l'action, il faut noter que tout projet (Simmel dirait toute série téléologique), quel qu'il soit, peut être gêné par le manque d'argent. C'est ce que constate le pauvre maître Jacques, dans *L'Avare*, lorsque Harpagon lui demande (III, 1) : « Dis-moi un peu : nous feras-tu bonne chère ? » Le cuisinier, qui garde, contrairement à son maître, le sens des réalités, répond logiquement : « Oui, si vous me donnez bien de l'argent. » Un peu plus tard, il se lamentera devant ce qu'il considère comme un paradoxe insurmontable : « Bonne chère avec peu d'argent ! »

La transformation des relations interpersonnelles

L'argent, l'amour, l'amitié – Il est commun de dire que les relations d'affection sont transformées par l'argent. Le plus souvent, cette transformation est vue négativement, sur le mode de la corruption. La pureté sentimentale est, dit-on, souillée, mise en danger par les questions pécuniaires. Mais d'où vient une telle incompatibilité ? Si l'on se fie à Georg Simmel, on comprend que l'argent place à la marge du groupe celui qui le possède. Inventé pour permettre les échanges dans et à l'extérieur de la communauté, il permet de faire affaire à l'étranger ou avec des étrangers. Aisément transportable, il n'est pas attaché, comme la terre agricole ou les sites de production artisanale ou industrielle, à un lieu (p. 263-264) :

> Les étrangers, en tant que personnes, sont principalement intéressés à l'argent pour le même motif qui le rend précieux aux couches socialement privées de droit : il leur offre ces chances normalement accessibles aux citoyens de plein droit ou aux indigènes, tant par des voies objectives plus spéciales que par le canal des relations personnelles.

Ainsi, la ressource financière *éloigne* en quelque sorte en rendant plus libres les relations économiques. La conclusion de Simmel, d'ailleurs, concerne directement les relations affectives : le philosophe rappelle que la sagesse populaire prévient l'homme prudent contre l'idée de faire des affaires avec un ami ou un ennemi. « L'objectivité indifférente du commerce d'argent [...] entre en conflit, de manière jamais totalement soluble, avec la nature personnelle de la relation » (p. 268).

Dans le monde de l'argent, donc, pas d'amour ni d'amitié possibles. Chez Molière, les amoureux, Cléante, Mariane, Élise et Valère, placent l'argent à sa véritable place et situent leurs sentiments au-dessus des aléas de la vie matérielle. Harpagon, lui, a une vision biaisée des rapports amoureux : ne se voit-il pas comme un parti convenable pour une très jeune fille, lui, le barbon souffreteux (sa « fluxion » en est un signe, II, 5) ? S'il se prétend amoureux (« son maintien honnête et sa douceur m'ont gagné l'âme », I, 4), il n'oublie certes pas que l'argent devra avoir le dernier mot (« pourvu que j'y trouve quelque bien »). À la fin de la pièce, d'ailleurs, face au chantage de son fils, il n'a pas un mot pour la jeune fille, alors qu'il se montre obsédé par la récupération de sa cassette (V, 6).

Saccard, lui aussi, se montre incapable d'amour, mais la forme de cette incapacité est bien différente de celle du personnage de Molière. Sa théorie de l'argent, célébration de la pulsion vitale dans son exubérance, ne l'écarte bien sûr pas de la sexualité : ses liaisons avec Madame Caroline et la baronne Sandorff ne sont pas à proprement parler amoureuses, ce qui fait parfois pleurer la première, et le souvenir du viol qui a donné naissance au jeune Victor montre que l'homme d'affaires construit son affectivité autour de son seul plaisir, de façon absolument narcissique. Son indéniable charme ne peut cacher qu'il n'a de véritables sentiments que pour la monnaie, comme on le constate lorsque Sigismond Busch parle d'abolir l'argent (IX) :

> Toujours la richesse s'était matérialisée pour lui dans cet éblouissement de la monnaie neuve, pleuvant comme une averse de printemps, au travers du soleil, tombant en grêle sur la terre qu'elle couvrait, des tas d'argent, des tas d'or, qu'on remuait à la pelle, pour le plaisir de leur éclat et de leur musique. Et l'on supprimait cette gaieté, cette raison de se battre et de vivre !

De même, et pour finir, l'homme d'argent n'a pas d'amis. Le Paris financier décrit par Zola, par exemple, ne connaît pas la loyauté. Les membres du conseil d'administration de la Banque universelle trahissent Saccard sans hésiter, lorsque la baisse devient inéluctable. Gundermann, lui non plus, n'a pas de réels amis, mais seulement des adversaires et des affidés.

L'argent et la famille – Les relations entre l'argent et la vie de famille sont plus complexes. Il faut comprendre que la ressource financière est à la fois nécessaire à la sauvegarde de la cellule familiale, et donc un signe d'affection lorsqu'elle est partagée, et un possible point de déchirement au sein du groupe. De façon plus large, on peut sans doute constater des écarts significatifs entre les modes d'utilisation de l'argent et les valeurs familiales traditionnelles.

Une famille, c'est d'abord une hiérarchie entre ses membres. Les fonctions anciennes de paterfamilias ou de fils premier-né ont conservé longtemps un lustre indéniable. Structure organisée, la famille reproduit des schémas hérités. Or, l'argent remet en cause cette hiérarchie et la bouleverse. On peut bien sûr faire référence au peu de respect qu'Harpagon inspire à ses enfants – l'un d'eux allant jusqu'à lui faire du chantage –, mais aussi à l'attitude de Maxime, fils aîné de Saccard, dans le roman de Zola. De bien des points de vue, il semble bien plus mûr que son père, bien plus adulte. Cette affectation d'élégance d'« homme fait » est d'ailleurs soulignée par Zola, qui souligne « l'attitude correcte qu'il s'[est] faite de garçon rangé, désireux de ne pas gâter sa vie davantage ». Plus encore, il prend une attitude presque paternelle lorsqu'il évoque Saccard devant Madame Caroline : « Non ! voyez-vous, papa est *incorrigible*, parce qu'il n'a pas de sens moral » (c'est nous qui soulignons, VII). Et c'est le fils, encore, qui refuse de « prêter un sou » à son père !

La famille est aussi, bien sûr, le lieu de relations affectives. Or, l'argent semble pouvoir assécher les sentiments que l'on porte aux siens. Objet de la convoitise universelle, il l'emporte parfois sur les attachements les plus sacrés. La conséquence directe, c'est la relative solitude de l'homme d'argent, qui n'est pas *entouré* : Harpagon et Saccard en sont deux bons exemples. Mais ce n'est pas une règle absolue, tant s'en faut, et il existe des familles où l'argent n'empêche pas le bonheur. Ainsi, celle qui se reconstruit, à la fin de *L'Avare*, autour d'Anselme : l'aisance financière semble y être un signe supplémentaire de bonheur futur. Ainsi, lorsque Harpagon proclame : « Je n'ai point d'argent à donner en mariage à mes enfants » (V, 6), Anselme, lui, parle de la richesse comme d'une sorte d'« ataraxie financière », c'est-à-dire une absence de troubles, d'inquiétudes en matière d'argent qui devrait permettre la félicité de tous : « Hé bien ! j'en ai pour eux ; que cela ne vous inquiète point. » Autre exemple de famille que l'argent n'empêche pas d'être heureuse, celle de Gundermann. Zola insiste sur l'étrangeté de ce personnage, cassant et impitoyable dans les affaires, mais vivant dans une maison pleine d'une famille nombreuse et unie (III) :

> Gundermann occupait là un immense hôtel, tout juste assez grand pour son innombrable famille. Il avait cinq filles et quatre garçons, dont trois filles et trois garçons mariés, qui lui avaient déjà donné quatorze petits-enfants.

Saccard assiste d'ailleurs à un déjeuner où le vieux banquier, malade et « éreinté », forcé de travailler même à table, se trouve cependant au milieu d'une atmosphère de joie turbulente : « Les personnes de la famille, les hommes, les femmes, habitués à cette bousculade, riaient, mangeaient fortement des viandes froides et des pâtisseries, et [...] les enfants, excités par deux doigts de vin pur, menaient un vacarme assourdissant » (III).

Guerre et révolte

L'argent et la guerre – Les liens entre argent et conflits sont anciens. Dans un monde où les ressources en métaux précieux semblaient limitées, ou, du moins, difficiles à atteindre, la guerre a longtemps représenté un bon moyen de s'enrichir. Comme le dit François Rachline : « S'emparer du trésor d'autrui – et d'autrui comme trésor – permet de disposer de nouvelles richesses, au premier rang desquelles figurent l'or et l'argent. » Le conflit armé a nécessairement, de manière générale, des conséquences sur la vie économique, qu'elles soient positives ou négatives. C'est le cas, par exemple, dans *L'Argent*, à propos des risques de guerre entre la France et la Prusse ou de la guerre austro-prussienne de 1866. La guerre fait baisser les cours, en affaiblissant la confiance des marchés, alors que la paix, elle, les fait monter mécaniquement (on sait que Saccard et ses alliés en profiteront, au chapitre VI). Ce mouvement de balancier, qui exprime la soumission de la vie de l'argent à celle des nations, est incarné dans le roman par deux personnages : le haussier Pillerault, éternel optimiste, et le baissier Moser, « en proie à de continuelles craintes de cataclysme ». Or ce dernier se fait l'écho des rumeurs les plus désastreuses pour la spéculation (X) :

> On dit que nous aurons la guerre en avril... Ça ne peut pas finir autrement, avec ces armements formidables. L'Allemagne ne veut pas nous laisser le temps d'appliquer la nouvelle loi militaire que va voter la Chambre...

Son compère, lui, ne veut pas en croire un mot (X) :

> Fichez-moi donc la paix, vous et votre Bismarck !... Moi qui vous parle, j'ai causé cinq minutes avec lui, cet été, quand il est venu. Il a l'air très bon garçon... Si vous n'êtes pas content, après l'écrasant succès de l'Exposition, que vous faut-il ? Eh ! mon cher, l'Europe entière est à nous.

Mais, parallèlement à l'influence de la guerre sur l'argent, il faut évoquer celle de l'argent sur la guerre. On connaît le célèbre proverbe : « l'argent est le nerf de la guerre ». Le mot « nerf » est ici à comprendre dans le sens qu'il avait au début de l'époque moderne (à laquelle l'expression s'est sans doute fixée) : le nerf est ce qui donne la vie et l'énergie au corps ; au départ, une personne « énervée » est sans vitalité. Sans argent, donc, on ne peut mener une guerre et la ressource financière est nécessaire à toute politique de grandeur militaire. Ainsi Georg Simmel évoque-t-il les prêts contractés par les souverains pour se livrer bataille et la suspicion qui a toujours pesé sur le pourvoyeur d'argent, suspecté de faire de même avec l'ennemi (p. 251-252) :

> Au début des temps modernes, lorsque ces pouvoirs financiers qu'étaient les Fugger, les Welser, les Florentins, les Génois, inter-

vinrent dans les décisions politiques, en particulier dans le vaste conflit des puissances habsbourgeoise et française pour l'hégémonie européenne, ils furent regardés avec une méfiance constante par chacune des parties, même par le bénéficiaire de leurs énormes prêts.

Les ferments de la révolte? – La révolte face à la logique de l'argent peut naître de la répartition de la ressource. Au fond, le pauvre voudrait s'en prendre au riche pour corriger l'injuste déséquilibre que créent leurs situations financières respectives. Il faut dire que, grâce à son aisance, l'homme riche trouve plus encore que ce que peut lui offrir son argent : le _superadditum_ de la richesse, tel qu'il est évoqué par Simmel, consiste justement dans tout ce qui se surajoute à la simple capacité d'acheter (p. 253) :

> Le riche bénéficie d'avantages qui dépassent encore ce qu'il peut se procurer concrètement pour son argent.

Pouvant aller jusqu'au pouvoir politique lui-même, par le biais de fonctions officielles souvent bénévoles, ce _superadditum_ prend toutes sortes de formes qui peuvent exacerber les frustrations et la colère des pauvres. Si l'on se replace à l'époque de Molière, on constate que l'amertume à l'égard de la répartition des richesses s'exprime par la bouche des valets; La Flèche, par exemple, domestique de Cléante, face à Harpagon : «La peste soit de l'avarice et des avaricieux!» (I, 3). Le domestique enrage de voir un homme riche incapable de donner, et il trouve qu'il y aurait justice à le voir détroussé : «Ah! qu'un homme comme cela mériterait bien ce qu'il craint! et que j'aurais de joie à le voler!» Un peu plus loin, quand il rencontre Frosine, l'entremetteuse engagée par Harpagon, cette dernière souligne l'injustice de certaines destinées (II, 4) :

> Tu sais que dans ce monde, il faut vivre d'adresse, et qu'aux personnes comme moi le Ciel n'a donné d'autres rentes que l'intrigue et que l'industrie.

Mais la révolte contre la logique de l'argent peut aller encore plus loin. Si l'on considère que ce n'est pas simplement la répartition de l'argent qui pose un problème social, mais que, cette inégalité étant inhérente à la monnaie, c'est l'ensemble du système qui est perverti, on peut souhaiter, comme Sigismond Busch chez Zola, l'abolition de l'argent (IX) :

> « Seulement, continua-t-il, le beau matin où nous vous exproprierons au nom de la nation, remplaçant vos intérêts privés par l'intérêt de tous, faisant de votre grande machine à sucer l'or des autres la régulatrice même de la richesse sociale, nous commencerons par supprimer ça. » Il avait trouvé un sou parmi les papiers de sa table, il le tenait en l'air, entre deux doigts, comme la victime désignée.

Au fond, cela revient à dire que devant l'impossibilité de réformer le système, il faut le détruire – ce qui est une prise de position révolutionnaire (IX) :

> Il faut le détruire, cet argent qui masque et favorise l'exploitation du travailleur, qui permet de le voler, en réduisant son salaire à la plus petite somme dont il a besoin, pour ne pas mourir de faim. N'est-ce pas épouvantable, cette possession de l'argent qui accumule les fortunes privées, barre le chemin à la féconde circulation, fait des royautés scandaleuses, maîtresses souveraines du marché financier et de la production sociale ? Toutes nos crises, toute notre anarchie vient de là.

Or la table rase que propose le jeune marxiste est, sous la plume de Zola, un horizon dont on ne peut savoir s'il sera atteint un jour : « Oui, reprit-il doucement, vous avez raison, nous ne verrons pas ces choses. Il faut des années, des années. Sait-on même si jamais l'amour des autres aura en soi assez de vigueur pour remplacer l'égoïsme, dans l'organisation sociale… » (IX).

Une maladie de l'âme ?

Argent et délire

Un concurrent du réel – La logique de l'argent peut constituer une alternative à celle du monde réel dans son ensemble. Cela ne signifie pas que l'argent soit *en dehors* du réel ; cependant, lorsqu'il devient système totalisant (qui veut tout faire entrer en lui), le système monétaire va constituer en quelque sorte un *autre* réel dans lequel l'individu peut se perdre. L'argent, on l'a vu, a pour fonction de donner la même échelle d'évaluation à des biens et services pourtant incomparables entre eux. Il est donc, avant même d'être monnaie d'échange, outil universel d'évaluation. Toute marchandise, tout service a un prix, ou plutôt a un prix à un moment donné (qui pourra évoluer en raison des lois de l'économie financière, dont celle, très connue, de l'offre et de la demande). Ainsi, l'argent *colle* au réel de façon sensible, mais pour autant sa logique n'est pas celle du monde. Nos attitudes, nos actes, nos pensées, nos valeurs sont en partie définis par notre rapport à l'argent, mais en partie seulement. La plupart d'entre nous savent où doit s'arrêter l'influence de la logique pécuniaire. Mais que se passe-t-il lorsque l'individu se montre incapable de limiter cette influence ? On l'imagine aisément : la logique de l'argent prend le pas sur tout autre mode d'organisation des représentations. Et, paradoxalement, c'est le monde qui va être en quelque sorte subsumé par l'argent et non plus l'inverse.

On s'en souvient, Harpagon choisit d'épouser Mariane comme on achète une pièce coûteuse que l'on espère rentabiliser : « Je suis résolu de l'épouser, pourvu que j'y trouve quelque bien » (I, 4). L'avis de la jeune fille n'importe que peu (Harpagon se laisse aisément convaincre par Frosine sur ce point), ce qui compte c'est que la transaction soit profitable (II, 5) :

> Mais, Frosine, as-tu entretenu la mère touchant le bien qu'elle peut donner à sa fille ? Lui as-tu dit qu'il fallait qu'elle s'aidât un peu, qu'elle fît quelque effort, qu'elle se saignât pour une occasion comme celle-ci ? Car encore n'épouse-t-on point une fille sans qu'elle apporte quelque chose.

À la fin de la pièce, l'avare semble même manquer le dénouement triplement heureux de l'intrigue – deux mariages et la recomposition de la famille d'Anselme –, complètement obnubilé par sa seule cassette.

Cette confusion, Saccard la fait aussi, lui qui traite de toutes les affaires comme de transactions financières. Ainsi, lorsqu'il doit faire face au procureur qui vient de le surprendre avec sa maîtresse, la baronne

Sandorff, réplique-t-il aux reproches qui lui sont faits en termes avant tout pécuniaires (VII) :

> Dame ! monsieur, répondit-il, quand on veut avoir une femme à soi tout seul, on commence par lui donner ce dont elle a besoin.

Pour l'homme d'affaires, tout est argent, ou peut l'être, comme le fait remarquer son fils Maxime à Madame Caroline (VII) :

> Que voulez-vous ? il a ça dans le sang. Il nous vendrait, vous, moi, n'importe qui, si nous entrions dans quelque marché. Et cela en homme inconscient et supérieur, car il est vraiment le poète du million, tellement l'argent le rend fou et canaille, oh ! canaille dans le très grand !

C'est donc bien ce qu'est l'argent pour Saccard : ce qui le rend à la fois inconscient et poète, c'est-à-dire, au fond, une certaine vision du monde.

La fièvre – À l'intérieur même du monde monétarisé, à propos de questions d'argent, l'aveuglement est possible. L'individu peut en effet être dans le déni de ce qui se passe réellement d'un point de vue financier. Dans ce cas, l'argent n'apparaît plus tant comme un concurrent du réel que comme un simple producteur d'illusions, une richesse dangereuse qui peut faire perdre le sens des proportions. Avec la dématérialisation de la ressource financière, il devient de plus en plus commun de croire à ce que les faits contredisent. Saccard, par exemple, ne croit-il pas jusqu'au bout être capable de faire face aux difficultés de la Banque universelle, alors qu'il sait, pour en être responsable, à quel point ses positions sont fragiles ? C'est que les malversations ne sont que des transferts de fonds sur des lignes de compte, ce qui encourage la déréalisation. Même après le désastre, depuis sa prison, le personnage nie l'évidence (XII) :

> Ah ! les gredins, ils ont bien su ce qu'ils faisaient en m'enchaînant ici… J'allais triompher, les écraser tous.

Cette incapacité à évaluer les conséquences de ses actes en matière d'argent peut s'assimiler à une fièvre, c'est-à-dire une perte paroxystique de repères face à une situation donnée. On se souvient, bien sûr, de la lente contamination des épeux Maugendre, progressivement gagnés par la maladie du jeu boursier :

> Et le mal était parti de là, la fièvre l'avait brûlé peu à peu, à voir la danse des valeurs, à vivre dans cet air empoisonné du jeu, l'imagination hantée de millions conquis en une heure, lui qui avait mis trente années à gagner quelques centaines de mille francs.

Le trouble du jugement qu'est la fièvre de l'argent a à voir avec l'*hubris* grecque, c'est-à-dire cet excès, ce manque de modération qui est le signe d'un dérèglement profond. Lorsqu'elle prend la forme de l'avarice, Simmel l'évoque en ces termes : « démesure intrinsèque de la cupidité ».

Le délire de puissance – L'argent donnant un pouvoir véritable, il est naturellement recherché par qui veut augmenter sa puissance. Mais ce désir peut tourner à l'obsession et le besoin d'argent alimenter une folie : les ressources financières, signes de pouvoir, vont être accumulées ou du moins recherchées pour le sentiment de puissance qu'elles procurent. C'est ce qu'affirme Georg Simmel à propos de l'avare (p. 293) :

> L'avarice est une forme de volonté de puissance, éclairant le caractère de moyen absolu de l'argent, à telle enseigne que la puissance reste puissance pure, renonçant à son exercice et la jouissance qu'il apporte.

Simmel ajoute que ce fait explique le développement fréquent de l'avarice avec l'âge, la puissance apportée par l'argent constituant « le dernier objectif de la volonté et dernier attrait de l'existence » (p. 293). Cette folie de la représentation puissante de soi a évidemment des conséquences, l'homme riche (avare, cupide ou prodigue) considérant chaque somme gagnée ou dépensée comme une marque de son pouvoir. Songeons, par exemple, à la réaction d'Harpagon quand il découvre que sa cassette a disparu. Il commence par demander l'aide de l'institution – « Je veux aller quérir la justice » – avant de vouloir prendre lui-même l'enquête en main – « et faire donner la question à toute la maison » –, et de commander à tous les rouages de la justice – « Allons vite, des commissaires, des archers, des prévôts, des juges, des gênes, des potences et des bourreaux » (IV, 7). Enfin, il compte appliquer la

sentence lui-même : « Je veux faire pendre tout le monde. » Parallèlement à ce sentiment d'importance, à cette rage de tout contrôler,
s'ajoute l'expression d'un choc psychologique intense qui confirme que
le personnage perd le contact avec le réel. Ainsi, lorsqu'il veut faire donner la question (c'est-à-dire faire interroger sous la torture) les suspects
du vol, il dit : « à servantes, à valets, à fils, à fille, et à moi aussi » ; de
même, à la fin du monologue : « Je veux faire pendre tout le monde ;
et si je ne retrouve mon argent, je me pendrai moi-même après. » Ici,
d'ailleurs, le spectateur hésite : est-ce un simple effet de comique de
gradation dans l'hyperbole, qui souligne l'excès de la colère du personnage, ou ce dernier menace-t-il vraiment de se suicider ? Chez Zola,
Saccard, perdant toute mesure dans son triomphe, cède à l'appel d'une
représentation glorieuse de sa puissance (VIII) :

> Et ce fut à la même époque, quinze jours plus tard, que Saccard inau-
> gura l'hôtel monumental qu'il avait voulu, pour y loger royalement
> l'Universelle. Six mois venaient de suffire, on avait travaillé jour et
> nuit, sans perdre une heure, faisant ce miracle qui n'est possible qu'à
> Paris ; et la façade se dressait, fleurie d'ornements, tenant du temple
> et du café-concert, une façade dont le luxe étalé arrêtait le monde
> sur le trottoir.

À propos du délire de puissance que l'argent peut faire naître, il faut
se souvenir de l'histoire du roi Midas. Roi d'une contrée baignée par le
fleuve Pactole, Midas reçoit la visite du dieu Bacchus et lui fait bonne
chère. Alors qu'il lui est permis de faire un vœu, en remerciement de
son accueil, le roi demande que tout ce qu'il touche se transforme en
or. D'abord heureux de posséder un tel don, il parcourt son pays en
l'éprouvant avec toutes sortes d'objets. Mais, bientôt, il comprend
l'étendue de son erreur : il ne peut plus ni manger ni boire, puisque
les mets et les boissons instantanément se transforment en or à son
contact. Le poète latin Ovide (43 av. J.-C.-17 ap. J.-C.), qui raconte
cette histoire dans ses *Métamorphoses* (livre XI), ajoute : « Épouvanté
d'un mal si nouveau, à la fois riche et misérable, il ne demande plus
qu'à fuir tant d'opulence et ce qu'il avait souhaité naguère lui fait hor-
reur. Au milieu de l'abondance, il n'a pas de quoi apaiser sa faim ; la soif
dessèche et brûle son gosier ; il maudit cet or qui lui vaut des tourments

trop mérités. » Heureusement, Bacchus entendra ses prières et lèvera son sort. Harpagon et Saccard, comme Midas, allient, dans leur attirance pour l'argent, perte de repères du réel et sentiment de puissance immodéré. Mais contrairement au roi de la mythologie, cette erreur ne donne lieu ni chez Molière ni chez Zola à un repentir : aucun d'eux ne finit par maudire l'or. Pis encore, jeté en prison, ruiné, Saccard continue à se croire victime, non de sa propre folie, mais de la faiblesse d'autrui… et d'un manque d'argent ! Sans cela, dit-il, il était invincible : « Moi, si j'avais eu à jeter au gouffre les quelques centaines de millions nécessaires, je serais le maître du monde » (XII).

Symptomatique de l'argent

Si l'on reprend la typologie que Georg Simmel propose des rapports « pathologiques » à l'argent, on se rend compte qu'il est possible d'en retrouver les principales caractéristiques dans les deux autres œuvres au programme.

Avares et prodigues – Lorsque Simmel évoque l'avare, il l'associe au cupide, pour qui l'acte de possession dépasse également l'usage de ce qui est acquis. Bien sûr, en lisant les pages qu'il consacre à l'avarice, nous songeons à Harpagon, sorte d'avare absolu (p. 293) :

> La forme la plus pure de l'avarice est plutôt celle où la volonté ne va réellement pas au-delà de l'argent, ne le traite pas non plus, même par jeu, comme un moyen d'obtenir autre chose, mais ressent la puissance qu'il représente justement en tant qu'argent non dépensé, comme une valeur définitive et absolument satisfaisante.

Nul doute que la possession d'argent vaille mieux, aux yeux d'Harpagon, que ce qu'il peut acheter. Ainsi, lorsqu'il reproche à son fils son genre de vie (I, 4) :

> Je vais gager qu'en perruques et rubans, il y a du moins vingt pistoles ; et vingt pistoles rapportent par année dix-huit livres six sols huit deniers, à ne les placer qu'au denier douze.

Peu importe le plaisir que l'on peut ressentir à être bien habillé, voire l'obligation où l'on se sent de l'être par devoir social, rien ne peut rivaliser, dans l'esprit du personnage, avec le gain pécuniaire.

S'il existe de grandes différences entre les deux personnages, on peut noter de vraies concordances entre Harpagon et le Gundermann de *L'Argent*. Comme le personnage comique, le banquier vit dans une grande simplicité (il se nourrit de lait, ne porte pas d'habits fastueux...) et accumule l'argent sans autre idée que de le constituer en capital (III) :

> Un instant, Saccard, qui le regardait, resta accablé sous cette pensée que tout cet argent qu'il faisait mouvoir était à lui, qu'il avait à lui, dans ses caves, sa marchandise inépuisable, dont il trafiquait en commerçant rusé et prudent, en maître absolu, obéi sur un coup d'œil, voulant tout entendre, tout voir, tout faire par lui-même. Un milliard à soi, ainsi manœuvré, est une force inexpugnable.

Mais, s'il est économe, Gundermann n'est pas un avare au sens strict du terme : on l'a dit, il ne fait pas subir cette tendance à sa famille ; par ailleurs, il n'hésite pas, au cœur de la bataille, à engager une part de sa fortune pour vaincre Saccard ; enfin il ne vit pas, comme Harpagon, sur une illusion de pouvoir, le sien est réel et immense.

Les avares ne sont pas rares dans l'histoire littéraire et c'est sans doute en pensant un peu à tous ces personnages que Georg Simmel trace le portrait de son grippe-sou. Songeons au Volpone (la pièce portant son nom date de 1606) de l'auteur anglais Ben Jonson (1572-1637) qui feint d'être mourant pour voir qui en veut à son héritage ; ou encore à Ebenezer Scrooge, dans *Un chant de Noël* (1843) de Charles Dickens (1812-1870), vieil avare qui exploite sans vergogne son commis Bob Cratchit, et qui après une nuit « magique » se verra complètement transformé. Cet exemple a tant marqué les esprits que le personnage de Walt Disney appelé en français Oncle Picsou se nomme Scrooge en anglais. On peut encore citer le père Grandet, dans le roman *Eugénie Grandet* (1833) d'Honoré de Balzac (1799-1850), homme dur et avare qui n'a que faire des sentiments amoureux de sa fille envers son cousin Charles et éloigne ce dernier pour ne pas avoir à s'en occuper, après la faillite et la mort du père du jeune homme. On citera enfin John Dashwood et sa femme, dans le roman de Jane Austen (1775-1817) *Raison et sentiments* (1811), qui n'hésitent pas à priver la famille de l'héroïne du roman (qui est la demi-sœur de John) de son héritage, par pur appât du gain.

Les prodigues, eux, sont plus rares. Selon Simmel, la « dilapidation de l'argent » n'est pas insensée pour le prodigue ; ce dernier utilise son argent « pour des achats insensés, c'est-à-dire sans rapport avec ses ressources » (2). Or Saccard, dans une certaine mesure, correspond à cette définition, mais de façon presque « projetée » : ce n'est pas l'individu qui dépense au-delà de ses moyens, mais la société qu'il a fondée et qu'il dirige, la Banque universelle. Les raisons qui l'ont poussé à développer de façon insensée sa société de crédit peuvent correspondre aux motivations que Simmel prête au prodigue : « Ce plaisir de prodiguer [...] s'attache donc au moment où s'effectue la dépense d'argent, quel qu'en soit l'objet ; *l'attrait de ce moment l'emporte chez le prodigue sur une estimation adéquate de l'argent* d'une part et des objets d'autre part » (c'est nous qui soulignons). Les augmentations de capital organisées par Saccard, financièrement dangereuses, peuvent répondre à cette définition par le plaisir qu'elles apportent (IV) :

> Sachez donc que ce n'est rien encore, tout ça ! que ce pauvre petit capital de vingt-cinq millions est un simple fagot jeté sous la machine, pour le premier coup de feu ! que j'espère bien le doubler, le quadrupler, le quintupler, à mesure que nos opérations s'élargiront ! qu'il nous faut la grêle des pièces d'or, la danse des millions, si nous voulons, là-bas, accomplir les prodiges annoncés !

Cyniques et blasés – Le cynique, on le sait, est conscient des différences de valeurs entre les choses, mais les ramène volontairement au même niveau, un niveau par ailleurs plutôt peu élevé. Il cherche, donc, à détruire la valeur en la nivelant par le bas. On songe bien sûr à Busch et à la Méchain, dans *L'Argent*, qui ne s'intéressent qu'aux titres dévalués, ramenés à zéro ou presque. Rappelons le regard que lance Saccard sur le sac de cette femme-charognard (I) :

> Il savait que, fatalement, allaient tomber là les titres délaissés, les actions des sociétés mises en faillite, sur lesquelles les Pieds humides agiotent encore, des actions de cinq cents francs qu'ils se disputent à vingt sous, à dix sous, dans le vague espoir d'un relèvement improbable, ou plus pratiquement comme une marchandise scélérate,

qu'ils cèdent avec bénéfice aux banqueroutiers désireux de gonfler leur passif.

Le cynisme de ces deux personnages est donc avéré, puisqu'ils parient sur l'effondrement de la valeur.

Le blasé, lui, ne voit plus les différences de valeur. Pour lui, tout se vaut et rien ne peut plus exciter sa curiosité. C'est de nouveau vers Zola qu'il faut se tourner. Le fils de Saccard, Maxime, semble correspondre à cette définition : jeune homme revenu de tout, il applique une lucidité détachée sur tout ce qui l'entoure (V) :

> Car le jeune veuf, enrichi par la mort de la sienne, avait réglé sa vie pour l'unique culte de lui-même, fermant sa porte, en garçon d'expérience, à tout nouveau partage. [...] Et il vivait seul, oisif, parfaitement heureux, mangeant sa fortune avec art et précaution, d'une férocité de beau-fils pervers et entretenu, devenu sérieux.

Tel un dandy, Maxime n'accorde pas de réelle importance à l'argent et ne cherche pas à en gagner plus qu'il n'en a déjà ; cependant, c'est un homme riche qui peut d'autant mieux afficher son peu d'intérêt pour les affaires financières qu'il n'a pas à s'en préoccuper. Le personnage rappelle un autre personnage romanesque, apparu à peu près en même temps que les personnages de *L'Argent* : le héros du *Portrait de Dorian Gray* (1891) d'Oscar Wilde (1854-1900). Ayant satisfait à un très jeune âge tous les désirs d'une vie humaine (cet épuisement du désir étant symbolisé par Lord Henry), le personnage n'a plus qu'un défi à relever : vaincre la mort et la vieillesse. Archétype du dandy, Dorian Gray répond en bien des points à la définition du blasé selon Simmel. Ce dernier fonde le blasement sur un affaiblissement « du sentir et du vouloir ». L'absence de plaisir (notamment de plaisir amoureux), d'ambition (il ne veut plus être conseiller d'État), d'activité au sens plein du terme, dans la vie de Maxime le rapproche de la figure simmelienne.

Perspective 3

Méthodologie pour la préparation du concours

Rappel de la méthode de la dissertation

Un exemple développé : « L'argent est un bon serviteur, mais un mauvais maître. »

Florilège et sujets possibles

Lectures conseillées

Rappel de la méthode de la dissertation

Principes de l'épreuve et critères de correction

Qu'est-ce qu'une dissertation ? – Une dissertation est une réflexion générale et rédigée sur un sujet qui prend souvent la forme d'une citation (mais pas toujours). Le candidat est donc invité à répondre à une question vaste, qui demande un raisonnement approfondi. Deux conséquences en découlent. Tout d'abord, la réponse qu'apportera le candidat ne peut se limiter à une courte assertion : il est demandé de retracer tout le cheminement de la réflexion qui mène à une réponse par nature nuancée. Cependant, et c'est la seconde conséquence, la dissertation propose réellement une réponse à la question posée. Un devoir qui ne proposerait qu'une méditation générale sur le thème donné ne peut obtenir une bonne note ; le correcteur attend que le candidat prenne position dans le débat qui est mis en place.

Dans le cadre des classes préparatoires scientifiques, le sujet est proposé à l'intérieur d'un thème valable pour l'année – dans notre cas : l'argent – et en rapport avec des œuvres précises illustrant le thème (*L'Avare*, *L'Argent* et *Philosophie de l'argent*, cette année). Cela change un peu la définition de l'exercice, car le raisonnement que le candidat doit construire comporte en quelque sorte des attendus méthodologiques : il faudra traiter la question en prenant garde à recentrer l'ensemble sur le thème général et choisir les exemples dans les œuvres qui l'accompagnent. Cependant, il faut bien se souvenir que la réflexion doit rester générale. La question ne porte pas *sur* les œuvres au programme, c'est le devoir du candidat qui va les utiliser pour justifier son argumentation qui, elle, reste générale.

Résumons : la dissertation répond précisément à une question vaste en donnant à lire toutes les étapes qui y mènent et en se fondant sur les œuvres au programme pour justifier son argumentation.

Les règles d'or de l'épreuve – Comme tout exercice scolaire ou universitaire, la dissertation doit répondre à un certain nombre d'attentes du correcteur. Certaines règles sont incontournables et doivent absolument être respectées :

Une dissertation est intégralement rédigée. Elle ne présente pas de plan apparent ; les transitions et autres articulations doivent donc prendre la forme de courts paragraphes permettant au lecteur de se situer sans difficulté dans le corps du devoir.

Une dissertation est rigoureusement construite. Le raisonnement doit suivre un plan précis dont les enchaînements sont logiques. Une réflexion passant en permanence du coq à l'âne est à proscrire.

Une dissertation est précisément illustrée. Il est indispensable qu'à chaque étape du raisonnement le candidat développe au moins un exemple précis et analysé qui justifie l'argumentation ; le but est aussi de confronter les œuvres entre elles, si possible à l'échelle de la sous-partie. Un paragraphe sans exemple est automatiquement invalidé. Dans le cas des concours scientifiques, ces exemples doivent être tirés des œuvres au programme. D'autres références sont possibles, mais seulement comme ajout secondaire.

Les critères de correction – Pour réussir à un examen ou à un concours, il est nécessaire de connaître les attentes du correcteur. Souvent, les copies mal notées le sont par ignorance des critères de correction. Voici donc les points sur lesquels toute dissertation est jugée et évaluée :

La cohérence avec le sujet proposé. Il faut que la dissertation traite de façon complète et exclusive la question posée. Les écarts créent le risque du « hors sujet », qui est une faute majeure. Il est essentiel de bien vérifier à chaque étape de la rédaction que l'on reste dans le champ du sujet.

Le respect des étapes nécessaires. Il est indispensable que le devoir passe par un certain nombre de « moments » capitaux : une introduction, plusieurs parties articulées, des transitions, une conclusion. Chacun de ces éléments a son importance et doit figurer dans la dissertation, non pas de manière artificielle mais en s'inscrivant dans la logique globale.

La validité de l'argumentation. Le devoir doit mettre en place un raisonnement convaincant et clair, et chaque élément de la structure doit s'inscrire de façon acceptable dans l'ensemble. Ce dernier doit à la fois être suffisamment développé et complexe pour ne pas se contenter des opinions les plus répandues, et suffisamment clair pour ne pas perdre le lecteur.

La pertinence des exemples. Les références proposées doivent non seulement être suffisamment précises, mais encore liées de manière irréprochable à l'argument qu'elles illustrent et justifient. Il est bon de rappeler qu'un exemple n'est pas une citation ou une allusion mais une analyse qui lie la référence à l'argumentation.

La qualité de la rédaction. La dissertation est un exercice qui demande une bonne maîtrise de la langue écrite. Il faut non seulement qu'elle soit écrite dans un français correct (en évitant les fautes de syntaxe, de grammaire et d'orthographe), mais également que le style employé soit à la fois limpide et précis. Les liens logiques doivent apparaître clairement sans que l'ensemble ne devienne lourdement démonstratif.

La connaissance des œuvres. Les exemples utilisés dans la dissertation doivent certes être précisément situés et analysés, mais ils doivent également être divers et montrer une bonne maîtrise des textes au programme. Ainsi, dans chaque partie, les trois œuvres doivent être représentées et les exemples tirés d'une même œuvre doivent être différents, tant sur la situation dans le texte que par l'échelle adoptée : une seule et même scène, par exemple, citée trois ou quatre fois ne saurait suffire.

Le travail au brouillon

L'analyse du sujet – Le sujet doit bien sûr faire l'objet d'une analyse attentive et approfondie. Il faut donc, tout d'abord, lire l'intégralité de la consigne à plusieurs reprises en soulignant les termes clefs. Il s'agit de bien cerner, dès le départ, les enjeux principaux de la dissertation. Il s'agit ensuite de repérer le type de démarche induit par le sujet. On distingue classiquement trois types de sujet : les **sujets-discussion** où il est demandé de remettre en cause une opinion ou une analyse ; les **sujets-développements**, où le candidat doit montrer en quoi une assertion, souvent provocatrice, est envisageable et contient une partie de vérité, et enfin les **sujets thématiques**, où il s'agit d'explorer une notion en en montrant les enjeux principaux. L'immense majorité des sujets proposés aux concours appartient au premier type et demande de discuter une citation. Il faut ensuite reformuler le sujet (citation et question) avec ses propres mots, sans pour autant le simplifier, pour s'approprier le questionnement qu'il propose. Cette reformulation constitue la problématique du devoir.

La réflexion au brouillon – Une fois la problématique posée, il devient possible de mener une réflexion cohérente sur le sujet. Cette phase de l'élaboration, souvent négligée, est pourtant essentielle : elle constitue la base du travail de dissertation. Au brouillon, on peut noter des arguments, remarques, références qui alimentent le débat auquel il s'agit de répondre (celui posé par la problématique). Cette étape permet également d'organiser sa pensée, de trier et mettre en ordre les arguments apparus sans logique prédéterminée, voire d'écarter ceux qui ne conviennent pas à la démarche d'ensemble. C'est d'abord l'efficacité argumentative qui doit guider les choix du candidat, mais il lui est aussi nécessaire de rester attentif à l'exhaustivité : ce travail préparatoire permet en effet de ne pas oublier un aspect essentiel du sujet.

Par ailleurs, c'est lors de cette phase qu'il faut faire la liste des exemples possibles ainsi que les associer à certains arguments. Il convient de ne pas oublier de noter les références précises de chaque exemple et d'ébaucher au brouillon son analyse afin de s'assurer qu'il est effectivement utilisable dans une dissertation.

La construction du plan – À partir de la réflexion établie au brouillon s'ouvre la possibilité de construire un plan définitif. En rassemblant les arguments selon la démarche induite par le sujet, on obtient des axes (grandes parties) et des sous-parties, elles-mêmes liées à des exemples. Dans le cas d'un sujet-discussion, les deux premiers axes formeront une thèse et une antithèse. Il faut noter, cependant, que ces deux premières parties ne peuvent simplement se contredire. Le candidat est l'auteur de la dissertation du début à la fin et ne doit donc pas se montrer capable de soutenir deux arguments diamétralement opposés « à la fois ». La seconde partie, ou antithèse, est une critique de la première et en détermine les limites. La troisième partie, ou synthèse, présente, en quelque sorte, ce qu'il reste de la thèse après qu'elle est passée par la critique de l'antithèse. Dans une certaine mesure, elle dépasse donc le débat pour lui apporter une réponse construite et élaborée. Cette synthèse permet souvent de déplacer le point de vue pour rendre compatible ce qui semblait en contradiction.

Il est indispensable de recopier ce plan clairement au brouillon pour avoir une vision d'ensemble. Cela permet une dernière vérification : tous les aspects du sujet ont-ils été traités ? Les orientations choisies sont-elles bien en accord avec la problématique ? Les exemples sont-ils assez divers, suffisamment analysés ?

Rédaction

L'introduction – Il est préférable de rédiger l'introduction au brouillon avant de la recopier au propre : il s'agit en quelque sorte de la « porte d'entrée » du correcteur dans la dissertation. Mieux vaut donc être sûr qu'elle répond aux exigences du genre. Il faut aussi garder en tête la question de sa longueur : une introduction trop courte fait mauvais effet, elle ne peut réellement mettre en place l'argumentation ; mais une introduction trop longue est, elle aussi, à éviter, car le plus souvent elle commence trop tôt à traiter le cœur de la question.

L'introduction doit suivre un certain nombre d'étapes obligatoires :

Une **entrée en matière** qui annonce de façon subtile le thème général du devoir. **L'annonce du sujet**. La retranscription intégrale de la citation sur laquelle il se fonde est obligatoire ainsi que les références précises de cette même citation (auteur, source, date). **L'énoncé de la problématique**, qui analyse le sujet et montre en quoi la citation s'intègre dans un débat qu'il s'agira de traiter. **L'analyse de la problématique**, qui a pour but de déterminer les limites du débat en question. **L'annonce du plan** (grandes parties) qui sera suivi tout au long du devoir.

Le développement – Le développement de la dissertation est le corps du raisonnement. Il doit suivre, lui aussi, une méthode de présentation précise :

Au seuil de la première partie, une **courte introduction partielle** annonce sa thèse de façon étayée. Entre les première et deuxième parties puis entre les deuxième et troisième parties, de **courts paragraphes de transition** concluent l'axe précédent et annoncent l'axe suivant. Chaque sous-partie constitue un **paragraphe distinct**. Elle est constituée d'un mot de liaison situant le paragraphe dans la grande partie (« Tout d'abord », « Ensuite », « Enfin »…) de l'exposé de l'argument, de son développement (où il s'agit de montrer sa validité), puis de l'analyse d'un ou plusieurs exemples tirés des œuvres au programme qui étayent l'argument qu'ils illustrent. Il faut essayer de confronter au maximum les œuvres entre elles, idéalement à l'intérieur des sous-parties, ou, sinon, à l'échelle de la partie.

La conclusion – Il s'agit d'une étape importante de la dissertation, puisque c'est le lieu où le candidat apporte une réponse à la question qui lui est posée. Elle suit trois étapes importantes :

La conclusion **récapitule le raisonnement** qui a été suivi. Il s'agit de montrer de façon synthétique la démarche globale de la dissertation. Elle **fournit une réponse** à la question posée. Cette réponse, rappelons-le, doit être nuancée et être marquée par la réflexion complexe qui a été menée. Elle peut enfin **proposer une « ouverture »** vers des sujets connexes ou vers d'autres aspects des œuvres au programme. Cette phase est facultative : mieux vaut une conclusion sans ouverture qu'un devoir se concluant sur une référence inutile ou hors de propos.

Un exemple développé :
« L'argent est un bon serviteur,
mais un mauvais maître. »

Voici un sujet de dissertation portant sur le thème de l'argent. Cette section se propose de traiter ce sujet, étape par étape, jusqu'à la rédaction finale.

> Dans ses *Pensées et Maximes* (1791), le compositeur et écrivain Jean-Benjamin de Laborde (1734-1794) écrit : « L'argent est un bon serviteur, mais un mauvais maître. » Ce jugement vous semble-t-il convenir à votre lecture des œuvres au programme ?

Travail au brouillon

Analyse du sujet – Cette citation de Jean-Benjamin de Laborde est très célèbre. Elle fixe, en quelque sorte, une tradition presque proverbiale : on retrouve la même idée chez le poète latin Horace, par exemple. Il s'agit pourtant de bien l'analyser pour en préciser le sens. Ainsi, on note dès l'abord que cette phrase se fonde sur une double antithèse : « bon » / « mauvais » et « serviteur » / « maître ». Elle souligne donc une ambiguïté de l'argent : il n'est pas *à la fois* bon et mauvais, serviteur et maître, mais, si l'on veut développer l'assertion, il est bon *lorsqu'*il est serviteur, et mauvais *lorsqu'*il est maître. Il faut préciser le sens des deux adjectifs. Tout d'abord, ils semblent avoir un sens presque psychologique : un « bon serviteur » est un domestique qui donne satisfaction, un « mauvais maître » est, par exemple, injuste, violent ou tyrannique. « Bon » et « mauvais » signifient donc d'abord « qui me donne satisfaction » et « qui me fait du mal ». Mais, pour aller plus loin, on comprend que cette citation est un essai de définition de l'argent, non pas définition ontologique (ce qu'il *est*), mais bien plutôt *morale* (quel usage en faire). Et cette définition morale marque une incertitude, car, selon les cas, l'argent sera bon ou mauvais.

Par ailleurs, les termes « serviteur » et « maître » sont, en eux-mêmes, à analyser. L'argent n'étant pas une personne, l'usage de ces deux mots est nécessairement métaphorique. Il faut comprendre que l'argent est « serviteur » lorsque son utilisation est complètement déterminée par les désirs du sujet (celui qui le possède et l'utilise) et « maître » lorsque ce même sujet soumet son action au seul critère du gain d'argent ou de sa conservation (et donc souvent de son accumulation). Ainsi serait-il bon d'utiliser l'argent pour satisfaire ses désirs et ses besoins, mais mauvais de soumettre ces derniers à la possession pécuniaire.

Une dernière remarque avant d'énoncer la problématique : la formulation de la consigne peut laisser penser que le sujet ne porte que sur les œuvres au programme et qu'il s'agira de voir si l'argent est un bon serviteur et un mauvais maître dans *L'Avare*, *L'Argent*, et *Philosophie de l'argent*. Ce type de formulation, très fréquent dans les énoncés de concours, peut être trompeur. La question reste une question générale et le recours aux œuvres servira de justification des arguments développés. Il nous est simplement rappelé que ce programme constitue la base des exemples du devoir.

Énoncé de la problématique – Quel est donc le débat ici ? Il est difficile d'imaginer une antithèse radicale à ce jugement de bon sens… C'est bien que l'enjeu du sujet n'est pas là. La véritable question porte sur l'alternative elle-même : **la signification morale de l'argent dépend-elle uniquement de l'usage que l'on en fait ?** On comprend que le débat mis en place est vaste et complexe : l'argent est-il un objet moral *en soi* ? Ou, au contraire, est-il moralement neutre, contrairement à l'action que le sujet accomplit avec lui ? La place de l'argent dans nos vies dépend-elle d'un choix de départ (conscient ou inconscient, volontaire ou non) : le soumettre à nous ou nous soumettre à lui ? **Sommes-nous, de ce fait, réellement à l'origine des satisfactions ou des douleurs que l'argent provoque ?**

Réflexion et construction du plan – Le débat ainsi mis en place, il devient possible de s'y impliquer en déterminant les deux grandes options qu'il propose. On peut argumenter le fait que l'argent est moralement et psychologiquement neutre et que seul notre rapport à lui détermine son caractère, bon ou mauvais. Mais, on peut aussi affirmer que l'argent est, en lui-même, moralement déterminé, qu'il possède une logique propre qui ne nous permet pas de décider par nous-mêmes s'il sera notre serviteur ou notre maître. Cela revient à affirmer que l'argent est moralement et psychologiquement déterminé au départ par un fonctionnement sur lequel nous n'avons pas de véritable prise.

Voici le plan auquel on peut arriver en approfondissant ces deux directions :

L'argent est psychologiquement et moralement neutre en lui-même, c'est l'usage que nous en faisons qui le détermine.
A. L'argent n'est qu'un outil, un instrument qui dépend de notre « vouloir » dans ses usages. Il n'a donc pas d'autre implication existentielle ou morale que celle que nous lui attribuons.
Exemple 1 : Georg Simmel montre que dans les séries téléologiques l'argent intervient comme « outil absolu » qui permet donc d'atteindre toutes sortes de fins dont la réalisation affectera le sujet en retour (première section du chapitre III).
Exemple 2 : Cléante, dans *L'Avare*, ne considère l'argent que comme un moyen de se procurer des biens ; il a une vision utilitaire de la monnaie (I, 4).
B. Il est toujours possible de faire un usage moral et sain de l'argent (et donc de s'en rendre maître).
Exemple : La princesse d'Orviedo, dans *L'Argent*, veut utiliser de façon généreuse et charitable un argent que son mari avait gagné de façon immorale. Il s'agit du « même » argent, mais dont l'usage change la signification morale (chapitre II).
C. L'homme qui se soumet à l'argent lui donne, de lui-même, une importance exagérée.
Exemple 1 : L'avarice d'Harpagon est vue par ses proches comme une faute morale, c'est-à-dire un choix fait par lui de donner à l'argent une importance démesurée et de se montrer d'une grande pingrerie.
Exemple 2 : Chez Simmel, l'avarice, si elle s'apparente à une pathologie psychologique, affecte d'abord la volonté, qui est le cœur du rapport à l'argent (p. 293).

Cependant, l'argent est également mené par une logique intrinsèque qui nous échappe et qui détermine son importance morale et psychologique.

A. L'argent, dans son évolution historique, devenant une fin en soi, influence notre rapport à lui et nous oblige à le considérer comme le cœur de notre rapport au monde.

Exemple 1 : Simmel analyse la façon dont l'argent, de moyen absolu, est devenu fin absolue, c'est-à-dire expression ultime de la valeur (du fait de l'expansion psychologique des qualités) et donc « l'objet de la convoitise finale » (p. 275). De ce fait, il détermine alors nos désirs et en devient en quelque sorte le maître nécessaire.

Exemple 2 : Chez Zola, l'argent est synonyme de modernité ; l'importance qu'il acquiert dans tous les types de relations et d'organisations humaines est doublée de la « conscience » que c'est le sens de l'histoire (chapitre VIII).

B. Notre position sociale, et donc partiellement notre richesse en argent, définit le besoin que nous en avons et les usages que nous en faisons : en cela, en faire un maître ou un serviteur nous échappe.

Exemple 1 : Cléante, dans *L'Avare*, est obligé de s'endetter pour assurer le train de vie qui sied à sa position sociale.

Exemple 2 : Georg Simmel montre que, malgré la puissance abstraite de l'argent qui donne à son possesseur une grande liberté d'action, l'homme pauvre, lui, voit l'usage de son argent en grande partie déterminé par les besoins de base qu'il doit satisfaire (p. 256-257). Ainsi, l'argent, par sa présence ou son absence, oriente en partie l'usage que l'on fait de lui, et donc établit s'il doit être le maître ou le serviteur.

C. L'argent connaît une forme d'autonomie, une circulation sur laquelle l'individu n'a pas de réel pouvoir. Il n'est alors possible que de participer ou non à la vie de l'argent, sans jamais en faire un serviteur.

Exemple : Dans *L'Argent*, Saccard développe cette idée d'un argent principe de vie en constante circulation, à laquelle il faut tenter de prendre part, sans essayer de la rationaliser ni de la soumettre (chapitre IV).

L'argent est un révélateur, il donne à voir toute situation psychologique et morale ; sa logique propre est d'accuser les traits déjà existants en les approfondissant.

A. Celui qui se soumet à la logique de l'argent valorise le simple fait de posséder. Son obsession de l'accumulation n'est qu'un signe de son incapacité à jouir de ce qu'il a.

Exemple : Dans la *Philosophie de l'argent*, Simmel démontre que l'avare est dominé par « le réflexe subjectif de l'avoir » (p. 284). Il assimile cette tendance à un délire de puissance.

B. Par ailleurs, l'apparence de l'asservissement de l'argent aux désirs du sujet peut ne cacher qu'une autre forme de dépendance. De nouveau, on peut lire, dans le rapport à l'argent, une attitude face au monde.

Exemple 1 : Le prodigue, chez Simmel, qui reconnaît implicitement la valeur absolue qu'est devenu l'argent (p. 297).

Exemple 2 : Le personnage de Jantrou, dans *L'Argent*, qui tombe dans le vice une fois devenu riche. Ce n'est pas l'argent qui le rend vicieux, mais il lui permet de le devenir, c'est-à-dire que l'argent ne fait que renforcer une attitude morale déjà présente dans le personnage.

C. Être le serviteur ou le maître de l'argent montre dans quelle mesure on est capable de faire face à ses devoirs sociaux.

Exemple 1 : Harpagon, au-delà de sa dépendance à l'or, se montre incapable de remplir ses devoirs de père et de se montrer digne de son rang social.

Exemple 2 : Dans *L'Argent*, c'est cette épreuve sociale de l'usage pécuniaire qui sauve en quelque sorte Saccard : il sait se montrer généreux (IX), avoir une action commune (II) et n'essaie pas de tromper ses associés (XII).

Dissertation rédigée

Nous mentionnons entre crochets les passages obligés de la dissertation ainsi que les étapes du raisonnement. Ils ne doivent pas apparaître dans le devoir que vous rendrez.

[Introduction]

[Entrée en matière] Dans ses *Confessions* (1765-1769), Jean-Jacques Rousseau déclare : « L'argent qu'on possède est l'instrument de la liberté, celui qu'on pourchasse est celui de la servitude. » Pour le philosophe des Lumières, il semble bien qu'il y ait, en quelque sorte, une double nature de l'argent, tour à tour émancipateur et geôlier de l'Homme. **[Présentation du sujet]** C'est aussi ce qu'affirme Jean-Benjamin de Laborde, lorsqu'il écrit, dans ses *Pensées et Maximes* (1791) : « L'argent est un bon serviteur, mais un mauvais maître. » Comment imaginer que le même être puisse être parfois bon et parfois mauvais, un maître quand il n'est pas un serviteur ? **[Problématique]** C'est bien cette alternative qui pose question : au fond, cette maxime montre qu'une telle ambiguïté est, en quelque sorte, du ressort de chacun. Selon le moraliste, c'est à nous de faire de l'argent un serviteur ou un maître (car, sinon, à quoi bon en faire une sagesse ?), lui n'est, intrinsèquement, ni bon ni mauvais. Ainsi, la signification morale et l'impact psychologique de l'argent ne dépendent-ils que de l'usage qu'on en fait ? Sommes-nous, volontairement ou non, à l'origine des douleurs et des joies que notre rapport à l'argent fait naître ? **[Annonce du plan]** Il semble opportun, après avoir montré que l'argent est en lui-même psychologiquement et moralement neutre et que c'est bien l'usage que nous en faisons qui le détermine, d'exposer en quoi il est malgré tout mené par une logique intrinsèque qui oriente son impact sur notre vie, avant d'analyser la nature de révélateur de l'argent, à la fois signe et acteur de la construction d'une personnalité.

[Développement]

[Introduction partielle du I] Il faut donc, dans un premier temps, explorer les conséquences que l'affirmation de Laborde implique : l'argent n'est ni bon ni mauvais en lui-même, il n'a pas, de manière inhérente à sa nature, un impact prédéterminé sur notre psychisme ou sur la moralité de nos actions. Au contraire, c'est notre façon de nous en servir et de l'appréhender qui oriente notre bien-être et notre « bien-agir ».

[A] Tout d'abord, l'argent n'est rien d'autre qu'un outil, un instrument qui permet au sujet d'acquérir un bien ou un service. Il n'a pas de « contenu », puisqu'il n'est qu'un moyen pour obtenir autre chose. De ce fait, il est au service de l'individu (dépendant du vouloir de son possesseur). L'idée que l'argent puisse diriger la vie du sujet est absurde, ou dangereuse, parce qu'il n'a pas d'autre rôle que de réaliser une transaction. Ainsi, le jugement de Laborde semble en partie confirmé : faire de l'argent son serviteur, c'est reconnaître sa neutralité philosophique, morale et psychologique. Il est donc de notre responsabilité de le tenir à sa place : pour reprendre un exemple de Georg Simmel citant un poète du XVIe siècle, on peut dire que « celui qui sert l'argent est le "valet de son valet" » (p. 294). C'est cette neutralité qu'évoque le philosophe, au chapitre III de son ouvrage (p. 244) :

> Dans ses formes achevées, l'argent est le moyen absolu : car d'une part il reçoit une détermination pleinement téléologique et rejette toute détermination provenant de séries différentes ; et d'autre part il se limite également à sa pure instrumentalité au regard des fins, aucune de celles-ci ne préjugeant de sa nature, si bien qu'il offre à la série téléologique comme un lieu de passage tout à fait indifférent.

Ainsi, l'argent n'est ni à l'origine ni à la fin de la chaîne d'événements qui implique son usage. Il n'a de contenu ni psychique, ni intellectuel ni moral, il n'est, pour reprendre un mot de Simmel, que « pure forme ». On peut également songer, de ce point de vue, au personnage de Cléante, dans *L'Avare*, qui a une vision simplement utilitaire de l'argent quand il affirme : « je mets sur moi tout l'argent que je gagne » (I, 4) : pour le jeune homme, l'argent est bien un simple moyen pour obtenir ce qu'il désire.

[B] Ensuite, une même somme d'argent peut être utilisée de diverses manières, selon des orientations morales ou psychologiques opposées, ce qui montre que ce n'est pas l'argent lui-même qui détermine son usage, mais bien le sujet. Bien utiliser les ressources financières ou en mésuser dépend de nous et de notre force d'âme. Dans *L'Argent*, par exemple, la princesse d'Orviedo, qui a hérité de trois cents millions de francs à la mort de son mari, et appris « l'origine abominable » de cette somme (le prince était coutumier de toutes les « canailleries ») décide de la dépenser intégralement dans des œuvres de charité (II) :

> Dès lors, l'idée fixe s'empara d'elle, le clou de l'obsession entra dans son crâne : elle ne se considéra plus que comme un banquier, chez qui les pauvres avaient déposé trois cents millions, pour qu'ils fussent employés au mieux de leur usage.

Ainsi, c'est l'individu qui est moral ou non, apte au bonheur ou non, et l'argent, en lui-même, ne prend aucune part dans cette détermination.

[C] Par conséquent, lorsqu'un individu donne à l'argent une importance démesurée, quand, dans une certaine mesure, il en fait son maître, il est seul à blâmer. C'est pourquoi Jean-Benjamin de Laborde nous donne ce conseil : parce que nous *pouvons* éviter de tomber dans ce travers. On peut songer, à ce propos, à la parabole des talents, qui se trouve dans l'Évangile selon Matthieu. Dans cet apologue, Jésus raconte comment trois serviteurs auxquels leur maître avait donné trois sommes d'argent différentes à garder (en « talents », monnaie grecque) se sont comportés ; deux d'entre eux ont fait fructifier la somme et rendent plus d'argent que ce qui leur a été confié, alors que le troisième a enterré le talent qui lui avait été donné et se voit vilipendé par son maître : « Méchant et paresseux serviteur [...] il te fallait donc porter mon argent aux banquiers et à mon retour j'aurais retiré ce qui est à moi avec l'intérêt. » L'histoire a, bien sûr, une dimension métaphorique (notamment sur les rapports entre l'Homme et Dieu), mais son sens littéral est également intéressant : chacun a le choix de bien ou mal utiliser l'argent, d'en faire un usage raisonnable ou non. Harpagon, on le sait, a fait de l'or son maître, il est obsédé par son argent et ne pense qu'à lui, ce qui le pousse à se montrer d'une phénoménale avarice. Mais son entourage ne voit pas cette tendance comme un simple trait de caractère : en se soumettant à la logique de l'accumulation, il commet, selon eux, une faute morale. Ainsi, Valère parle-t-il des « défauts » qu'il est toujours bon de flatter et trouve le caractère de son maître « impertinent » et

« ridicule » (I, 1). Le fils de l'avare, Cléante, va plus loin encore : pour lui, son père est « cruel » car il maintient les siens dans une « sécheresse étrange » (I, 2). Le registre de l'insulte (même s'il est souvent utilisé « à part » ou dans un discours prétendument rapporté) est bien présent et montre que, pour les contemporains d'Harpagon, il est seul responsable de son culte de l'or : ainsi est-il un « ladre », c'est-à-dire d'une avarice excessive et immorale (I, 3, ; II, 5 ; III, 1), un « chien de vilain » (II, 5 ; maître Jacques parle de « vilain », III, 1), un « fesse-mathieu » (III, 1). L'avare n'est donc pas victime de l'argent, il s'en est lui-même rendu esclave, se choisissant, ainsi, un « mauvais maître » : c'est ce que signifie également Simmel lorsqu'il montre que l'avarice, si elle est une affection qui s'impose à l'individu, dépend d'abord de la « volonté » (p. 293) de ce dernier.

[Transition] Ainsi, si l'individu est parfois au service, parfois aux commandes de l'argent, c'est que ce dernier n'a pas de contenu moral et psychologique intrinsèque : il ne fait ni bien ni mal agir, il ne rend, en tant que tel, ni heureux ni malheureux. Si l'on écoute Laborde, l'individu devrait, par sa sagesse, savoir se comporter face à la ressource financière.

[II] Mais cette affirmation semble devoir être nuancée : la neutralité de l'argent, en effet, ne cache-t-elle pas une logique, un fonctionnement qui, lui, détermine notre rapport à la fortune ? Si je suis souvent libre face à une somme donnée, je ne le suis pas forcément dans ma relation globale au « phénomène-argent ».

[A] Tout d'abord, la liberté face à l'argent est-elle toujours possible, à une époque où l'argent est devenu le cœur même des relations entre les hommes ? Au fond, notre volonté d'en acquérir, notre capacité à le garder ou à le dépenser, tout cela a évolué vers une monétarisation absolue des rapports économiques mais aussi des rapports humains. Pour reprendre l'idée de Simmel : « La forme monétaire de la circulation [...] s'est emparée de la totalité de la sphère économique » (p. 268). Comment, dès lors, échapper à cette logique ? L'argent n'est plus un simple moyen, un outil, il est devenu une « fin » c'est-à-dire, pour reprendre l'analyse simmelienne, « l'objet de la convoitise finale ». Ce processus découle, selon le philosophe, de « l'expansion psychologique des qualités » qui pousse l'individu à attribuer les qualités de ce que le moyen permet d'acquérir (et le désir qu'il suscite) au moyen de lui-même. Devenu l'objet de tous les désirs, l'argent prend une dimension face à laquelle la volonté individuelle paraît bien impuissante. Reprenant le poète allemand Hans Sachs (1494-1576), Simmel peut affirmer : «L'argent est ici-bas le dieu terrestre» (p. 283). Difficile, dès lors, d'imaginer en faire un «bon serviteur»... Chez Zola, cette évolution historique est souvent illustrée : l'omniprésence glorieuse de l'argent est d'ailleurs vue comme un signe de modernité, que ce soit de façon dépréciative ou appréciative. Elle va, en quelque sorte, dans le sens de l'histoire, et lorsque se crée, par exemple, la Compagnie générale des chemins de fer de l'Orient, l'opinion générale est qu'elle représente «tout le filet de l'industrie *moderne* jeté sur l'Asie, le retour triomphal de l'humanité à son berceau, la résurrection d'un monde» (VIII, c'est nous qui soulignons). L'économie nouvelle, portée par des flots financiers, va conquérir les lieux mêmes où la civilisation est née : la volonté individuelle semble donc dépassée par l'extension inexorable du domaine de l'argent.

[B] De ce fait, il semble que nous devions accepter un certain déterminisme dans notre rapport à l'argent, et donc une restriction de notre liberté face à lui. La position sociale que nous occupons, et donc, en partie, notre richesse, définissent, de façon parfois très codifiée, les besoins d'argent que nous avons ainsi que les usages que nous en faisons. Il suffit de penser aux phénomènes de mode (que Georg Simmel a d'ailleurs étudiés). Comment expliquer qu'une catégorie sociale ait des comportements de consommation si unitaires, si ce n'est par une certaine prédétermination des usages pécuniaires, elle-même socialement définie. C'est que ce que nous achetons (et montrons) dit beaucoup de nous et permet de nous identifier à une catégorie de la population. Que l'on songe à Cléante, dans *L'Avare*, si amer de ne pouvoir se conformer aux usages de son rang et de son âge (I, 2) :

> Et que nous servira d'avoir du bien, s'il ne nous vient que dans le temps que nous ne serons plus dans le bel âge d'en jouir, et si pour m'entretenir même, il faut que maintenant je m'engage de tous côtés, si je suis réduit avec vous à chercher tous les jours le secours des marchands, pour avoir moyen de porter des habits raisonnables ?

Et ce qui est « raisonnable » pour le personnage, c'est un habit de jeune homme élégant, décrit et condamné par son père un peu plus loin : « Je voudrais bien savoir, sans parler du reste, à quoi servent tous ces rubans dont vous voilà lardé depuis les pieds jusqu'à la tête » (I, 4). De manière plus générale, notre niveau de richesse détermine parfois de façon rigoureuse l'usage que nous faisons de l'argent. C'est ce que dit Georg Simmel des pauvres, qui ne peuvent profiter de la liberté et de la puissance qu'offre l'argent, car leurs dépenses sont en grande partie décidées par leurs besoins essentiels (p. 256-257).

[C] Enfin, si notre pouvoir de maîtrise de l'argent diminue, c'est qu'il suit une logique qui lui est propre, et sur laquelle l'individu n'a aucun contrôle. Cela crée une sorte de vie de l'argent, à laquelle on peut espérer participer, mais dont nous ne pouvons jamais comprendre ni dominer tous les développements. Cela découle directement de la généralisation de la logique monétaire dans l'économie mondiale : les variables devenant immensément nombreuses, le phénomène sort de tout contrôle strict et connaît une évolution presque autonome. C'est ainsi que s'expliquent en partie les crises financières : il peut paraître paradoxal que les hommes souffrent des aléas d'une création spécifiquement humaine, mais c'est que cette créature a depuis longtemps pris une grande indépendance. N'est-ce pas exactement la vision que Zola prête à Saccard ? Face à Madame Caroline et à son frère, il développe une théorie passionnée selon laquelle le jeu boursier est justement la condition de cette vie de l'argent (IV) :

> Comprenez donc que la spéculation, le jeu est le rouage central, le cœur même, dans une vaste affaire comme la nôtre. Oui ! il appelle le sang, il le prend partout par petits ruisseaux, l'amasse, le renvoie en fleuves dans tous les sens, établit une énorme circulation d'argent, qui est la vie même des grandes affaires.

L'argent répond aux mêmes nécessités que les réalités géographiques, qui, elles, sont soumises aux lois de la physique. Ni maître si serviteur, l'argent devient une *donnée* avec laquelle l'homme ne peut que compter.

[Transition] Ainsi, si individuellement, face à une somme d'argent donnée, on peut imaginer que le sujet peut exercer une certaine liberté – en faire son serviteur ou son maître –, il semble bien que l'argent comme phénomène global échappe à notre contrôle et donc aux règles de morale comme aux stratégies de bien-être. **[III]** Pour dépasser cette apparente contradiction, il faut sans doute comprendre que l'argent n'est pas tant un acteur de notre vie morale et psychologique qu'il n'en est un *marqueur*. Au fond, notre usage de l'argent est à la fois un élément et un signe de notre développement individuel.

[A] Il semble premièrement important de comprendre que notre rapport à l'argent est un symptôme de traits plus profonds de notre psyché. Ainsi de l'avarice : celui qui accumule de façon exagérée les richesses et qui ne peut s'en déprendre sans douleur montre par là un rapport au monde, une conformation psychologique globalement problématique. Selon Georg Simmel, dans la deuxième section du chapitre III de son livre, l'avarice est vue comme une maladie psychologique, comme une « dégénérescence pathologique » (p. 287). Il montre que l'avare n'est pas qu'un homme qui aime passionnément l'argent : il est dominé par « le réflexe subjectif de l'avoir » (p. 284), réflexe qui lui donne un incroyable sentiment de puissance. De ce fait, l'argent n'est qu'une marque du désir anormal de domination (de la vie, des autres, du monde) que ressent l'avare. Ainsi, ce qui domine l'individu n'est pas l'argent en tant que tel, mais sa pulsion d'appropriation, qui s'est fixée sur la monnaie. Cette dernière n'est en fait ni maître ni serviteur, les relations de domination se situant bien plus *profondément* dans le psychisme de l'individu.

[B] Par ailleurs, il serait faux de croire que seule une relation visiblement faussée à l'argent est symptomatique. Si l'on accepte de voir le rapport à l'argent comme un signe de l'organisation psychique et morale du sujet, toute relation à la ressource financière peut être analysée. Ainsi, chez Georg Simmel de nouveau, la figure du prodigue, qui est apparemment à l'opposé de celle de l'avare. Cependant, le philosophe montre qu'une même conception est à l'origine de ces deux attitudes : le prodigue ne fait que remplacer le plaisir de la possession par celui de la dépense. « L'argent lui est presque aussi essentiel qu'à l'avare, mais sous la forme de la dépense et non de la possession. » (p. 297) Dans les deux cas, l'argent devient la finalité même de la série téléologique, alors tronquée. Le sentiment de puissance du prodigue naît de la dépense inconsidérée, mais est comparable, selon Simmel, à celui qui habite l'avare. On peut également songer au personnage de Jantrou dans *L'Argent* : devenu riche grâce à la place de directeur de journal que lui offre Saccard, l'ancien professeur tombe apparemment dans toutes sortes de vices : « Ses passions, depuis quelque temps, [le] dérangeaient : des disparitions brusques, des bordées, d'où il revenait anéanti, les yeux troubles, sans qu'on pût savoir qui, des filles ou de l'alcool, le ravageait davantage » (VI). Sa fortune nouvellement acquise est donc consacrée à une « noce crapuleuse » qui finit par transformer son aspect physique : « [Il] ricanait en dessous, la bouche tordue d'ironie, dans l'accablement d'une débauche de la veille » (VIII). Ce n'est pas l'argent qui a poussé le journaliste au vice, ni qui le rend malade d'excès divers : il lui en a seulement donné la possibilité. L'attirance pour une vie excessive et malsaine préexistait à la richesse. S'il n'est pas le maître, l'argent n'est pas non plus, en l'occurrence, un serviteur, car il pousse l'individu dans des tendances sur lesquelles ce dernier n'exerce pas de contrôle.

[C] Enfin, plus encore qu'un signe psychologique, l'argent est un symptôme social. Au fond, il permet d'évaluer la façon qu'a l'individu de se conformer à ses devoirs, à la place qu'il occupe et donc à toute une série d'obligations allant des convenances à la morale publique. Ainsi, Harpagon ne limite pas son rapport faussé au monde à l'argent : il se montre également incapable de remplir les diverses fonctions sociales qui sont les siennes. Il est un mauvais père qui ne veut pas donner de dot pour le mariage de sa fille (« sans dot », aime-t-il à répéter, I, 5) et qui ne permet pas à son fils de tenir le train de vie que son état réclame. Il est aussi un homme d'affaires douteux, usurier discret, qui saigne ses débiteurs avec des taux d'intérêt gigantesques. Il est enfin un « amant » improbable, barbon voulant épouser une jeune fille, sans surtout, qui plus est, y perdre le moindre sou. On le voit, l'avarice peut être considérée comme la *cause* de toutes ses « fautes » (c'est sans doute l'intention de Molière), mais elle peut être analysée comme l'une des *conséquences* de son incapacité à se conformer au code moral et social de son temps. L'argent n'est donc pas le maître ici, mais le signe le plus visible d'une marginalité sociale, d'un statut de *paria*. À l'inverse, dans

L'Argent, l'*éthos* monétaire de Saccard est en quelque sorte ce qui le sauve : il sait se montrer généreux avec les époux Jordan («Eh bien, je vais vous les avancer, moi, vos cinq cents francs. Vous auriez dû me les demander tout de suite», IX), il s'implique dans l'œuvre charitable de la princesse d'Orviedo («cela lui apparaissait comme une incarnation nouvelle, une brusque montée d'apothéose : devenir le dispensateur de cette royale charité», II), et il n'a pas ruiné ses actionnaires pour s'enrichir personnellement («Comprenez donc que je me ruine avec les autres», XII). Ainsi, l'escroc n'est-il pas pour autant un être totalement immoral, et c'est son usage de l'argent qui nous le montre.

[Conclusion] [Récapitulation] Ainsi, l'argent, s'il est, individuellement et ponctuellement, l'objet d'un choix moral et psychologique, dépend, dans sa globalité, d'une logique propre qui échappe à notre contrôle et qui éteint de ce fait le débat sur sa place dans un rapport de domination : il est bien plutôt un marqueur qui souligne et accroît des tendances et des conceptions déjà présentes en nous ou entre les individus. [Réponse] Sa nature de bon serviteur ou de mauvais maître est en quelque sorte un syndrome secondaire qui confirme la présence et accuse les traits d'une conformation globale des relations de l'individu au monde et à autrui. Ainsi, il n'est ni neutre ni déterminant. [Ouverture] Mais, si l'argent est un rapport au monde, il faut sans doute se demander si, en tant que tel, il permet ou au contraire s'il empêche l'action sur le réel.

Florilège et sujets possibles

«Ma grande objection à l'argent, c'est que l'argent est bête.» – Alain, *Propos d'économique* (1934)

Cette phrase célèbre du philosophe Alain (1868-1951) est très provocatrice. L'adjectif «bête», qui appartient au registre de l'injure, peut sembler déplacé dans un ouvrage sérieux. Il faut cependant noter qu'Alain est connu pour le ton de conversation agréable de ses écrits. Que veut-il dire lorsqu'il affirme que l'argent est «bête» ? Il signifie que la logique monétaire et les rouages de l'économie marchande sont simples et ne prennent pas en compte certains acquis essentiels de la culture et de la civilisation, comme la hiérarchie des biens et des valeurs : ils n'appliquent qu'une rationalité primitive sans pouvoir s'en écarter. Par ailleurs, il dénonce les processus à courte vue de la finance. La vie monétaire est immédiate et change d'heure en heure. Cette immédiateté rappelle celle de l'homme idiot qui ne peut se projeter rationnellement dans le futur. Enfin, l'argent est « bête » parce qu'il ne pense pas : simple outil dans les mains des financiers, il n'est pas un organe de progrès, dans le sens où il n'a aucun contenu propre qui orienterait son usage.

« Car la racine de tous les maux, c'est l'amour de l'argent. » – La Bible, Première épître à Thimothée, VI, 10
Ici, il faut noter que cette phrase de saint Paul se place dans une tradition morale et religieuse certes judéo-chrétienne mais aussi, plus généralement, antique. On peut songer à ce que le tragique grec Sophocle fait dire à Créon dans son *Antigone* : « Car l'argent est la plus funeste des inventions des hommes. Il dévaste les villes, il chasse les hommes de leurs demeures, et il pervertit les esprits sages, afin de les pousser aux actions honteuses ; il enseigne les ruses aux hommes et les accoutume à toutes les impiétés. » Au fond, l'argent devient le symbole de la cupidité. Ce que Paul condamne ce n'est pas la monnaie en tant que telle mais « l'amour de l'argent ». Évidemment, l'avarice est ici visée, puisqu'elle est l'un des sept péchés capitaux de la tradition chrétienne. Il faut également remarquer que cet amour de l'argent est « la racine » du mal : l'argent et la convoitise qu'il suscite est à l'origine de toutes les fautes. N'est-ce pas, en réalité, la notion même de *désir* (ici incarnée dans la monnaie) que Paul dénonce comme la source de toutes les faiblesses humaines ?

« Oh ! argent que j'ai tant méprisé et que je ne puis aimer quoi que je fasse, je suis forcé d'avouer que tu as pourtant ton mérite : source de la liberté, tu arranges mille choses dans notre existence, où tout est difficile sans toi. » – François René de Chateaubriand, *Mémoires d'outre-tombe* (1809-1841), III, XXXIV, 8

Chateaubriand, introducteur du romantisme en France, évoque ici un vif débat autour des « qualités morales » de l'argent. De manière lyrique, l'écrivain rapporte une prise de conscience : jeune homme, il a « méprisé » l'argent ; prévenu contre lui, il ne parvient toujours pas à l'« aimer ». C'est que l'auteur est l'héritier de l'aristocratie d'Ancien Régime, qui, toujours, a montré un grand dégoût pour les questions d'argent, considérant qu'il s'agit d'affaires qui ne conviennent pas à son rang (les dames Beauvilliers, dans *L'Argent*, sont un exemple de cette vision). Par ailleurs, jeune homme fougueux et assoiffé d'aventures, Chateaubriand avait aussi le mépris des romantiques envers la richesse et les finances (mépris que l'on retrouvera plus tard chez Musset, par exemple). Mais ayant vieilli, l'auteur doit reconnaître que l'argent a son utilité : il est libérateur, dans le sens où il permet l'action. L'homme d'État qu'a été Chateaubriand jusqu'en 1829 sait bien que l'argent est nécessaire pour agir et mener à bien un projet. Il ramène cette vision politique à la vie individuelle (« tu arranges mille choses dans notre existence »), ce qui nous rappelle qu'il a fini sa vie avec de véritables difficultés financières.

« Au fond, l'argent n'est pas la richesse, il n'en est que le signe ; ce n'est pas le signe qu'il faut multiplier mais la chose représentée. » – Jean-Jacques Rousseau, *Considérations sur le gouvernement de Pologne* (1770-1771)

Dans cette phrase, le philosophe des Lumières Jean-Jacques Rousseau évoque l'abstraction de l'argent. Cette abstraction n'est toujours pas celle de la monnaie fiduciaire, qui détache la valeur de l'argent des métaux précieux. À la fin du XVIIIe siècle, la monnaie est toujours liée aux réserves en or et en argent. Ce qu'affirme Rousseau, c'est que la monnaie elle-même, fût-elle en or, n'est pas la richesse. Il oppose donc une richesse apparente (fondée sur des objets en eux-mêmes improductifs, comme ceux fabriqués en métaux précieux) et une richesse réelle, qui est constituée des marchandises utilisables et nécessaires, ainsi que des moyens de production de ces richesses. Ces biens, parce qu'ils peuvent se vendre et donc rapporter de l'argent, sont *désignés* par les ressources pécuniaires, mais nullement remplacés par elles. C'est le raisonnement que mène Georg Simmel à propos des épingles, même si, pour le philosophe allemand, les infinies possibilités de l'argent constituent bien la richesse.

« Oui, l'argent liquide est la lampe d'Aladin. » – Lord Byron, *Don Juan* (1819-1824), XII, 12

Lord Byron, poète romantique anglais, s'inspire du mythe de Don Juan (initié par le dramaturge espagnol Tirso de Molina en 1630) pour écrire ce long poème épique et satirique inachevé. Dans cette phrase, Byron fait une métaphore dont le comparant est une référence culturelle célèbre : la lampe d'Aladin, on le sait, contient un génie qui réalise les vœux de celui qui la possède (contes des *Mille et Une Nuits*). Il faut comprendre ici que l'argent enferme davantage que ce qu'il paraît contenir. Comme la lampe, d'apparence médiocre mais qui cache ce qui la rend si précieuse, l'argent permet d'obtenir ce qu'il n'achète pas directement : la gloire, la puissance publique, la force. Mais, de même qu'il y a deux versions de l'histoire d'Aladin (l'une où il parvient à contrôler les pouvoirs de la lampe, l'autre où il n'y arrive pas), l'argent peut se montrer infiniment généreux ou au contraire mener l'individu à sa perte. Enfin, il faut souligner l'aspect magique de cette métaphore : l'argent a une composante *enchantée* dans le pouvoir qui est le sien, un pouvoir qui peut parfois paraître irrationnel.

« *Auri sacra fames.* » – Virgile, *Énéide*, III, 56

Cette exclamation latine peut avoir deux sens : « soif exécrable de l'or » (c'est le cas dans le contexte) et « soif sacrée de l'or » (l'adjectif *sacer* en latin a deux sens opposés). Extrêmement célèbre, elle sert souvent à illustrer l'ambiguïté fondamentale de la ressource financière. Le désir de l'argent est à la fois mauvais *et* sacré. Ce dernier point mérite une explication : dans le monde romain, est sacré ce qui appartient aux dieux et ne relève que d'eux. Ainsi, le poète Virgile semble dire que l'or est en vérité hors de portée de l'être humain : sa volonté de s'enrichir est quasiment une faute, ce qui explique le sens négatif du mot *sacra*, ici : la faim (sens premier du mot *fames*) éloigne l'individu de son devoir mais aussi de sa vraie nature de mortel. C'est aussi une façon de montrer que les êtres humains placent l'or au niveau des dieux et des valeurs les plus sacrées. Cette phrase apparaît à propos d'une trahison (celle du roi de Thrace), crime majeur dans les sociétés anciennes : l'or et la faim qu'il suscite font perdre le sens élémentaire du devoir.

« L'argent est la semence de l'argent. » – Jean-Jacques Rousseau, *Discours sur l'économie politique* (1755)

Voici une assertion de Rousseau fondée sur une métaphore agricole. Comme le grain, qui est à la fois nourriture et semence pour plus de grain, l'argent serait donc la semence de lui-même. Comment imaginer, en effet, qu'une chose soit la semence d'elle-même ? La métaphore agricole, ici, renforce l'aspect apparemment absurde de ce jugement. Pour le philosophe, et c'est sans doute une conséquence du crédit, l'argent peut se reproduire de façon spontanée. Pour reprendre l'analyse de Marie Cuillerai (*La Communauté monétaire*, L'Harmattan, 2001) : « L'argent a cette capacité troublante à s'enfanter lui-même. » Ainsi, la logique financière se détache de toute une autre partie de la sphère économique, à laquelle, au départ, elle était intimement liée : la production. Ici se trouve le paradoxe : l'argent, outil d'évaluation et d'échange, s'est rendu autonome par rapport à ce qui a fondé la nécessité de sa création, c'est-à-dire la production de biens. Il n'y a plus besoin de fabriquer des marchandises ou proposer des services pour *faire* de l'argent. Plus encore, la quantité d'argent n'est plus liée à la quantité de marchandises. On le pressent, ce paradoxe est à la fois l'expression d'une performance de l'économie financière mais aussi celle d'un danger du système (surtout sous la plume de Rousseau, dont on a vu qu'il considère l'argent comme simple signe de la vraie richesse).

« Ce que je peux m'approprier grâce à l'argent, ce que je peux payer, autrement dit ce que l'argent peut acheter, je le suis moi-même, moi le possesseur de l'argent. Les qualités de l'argent sont mes qualités et mes forces essentielles en tant que possesseur d'argent. » – Karl Marx, *Manuscrits de 1844*

Karl Marx (1818-1883), philosophe à l'influence majeure sur la pensée politique et économique jusqu'à aujourd'hui, commente ici une citation de Shakespeare, tirée de *Timon d'Athènes*, en affirmant que le dramaturge « peint magistralement l'argent ». Il joint deux notions traditionnellement opposées : l'être et l'avoir. Pour Marx, qui pousse ici la logique financière dans ses extrémités, je suis ce que je possède, si et seulement si cette chose possédée est de l'argent. Au fond, peu importe ce que je *suis* réellement, sans argent, car si je suis laid, l'argent me rendra beau, si je suis faible, l'argent me rendra fort, si je suis sans esprit, l'argent m'en donnera. Ce n'est pas un éloge que Marx écrit ici, car il pointe la capacité inquiétante de l'argent à transformer le réel : il est « la métamorphose de toutes les qualités humaines et naturelles en leur contraire, la confusion et la perversion universelles des choses ». Loin d'être donc un bienfait, il est mauvais car il « concilie les incompatibilités ». Se donnant à tous, sans distinction, et permettant, par sa puissance, d'inverser le réel, l'argent est, pour Marx, « la prostituée universelle, l'entremetteuse générale des hommes et des peuples ».

Lectures conseillées

À propos de l'argent en général :
François Rachline, *D'où vient l'argent ?*, Paris, Panama, 2006.
Marie Cuillerai, *La Communauté monétaire*, Paris, L'Harmattan, 2001.
Article « Monnaie », *Encyclopædia Universalis* (1989).

À propos de L'Avare :
Molière, *L'Avare*, Paris, Gallimard, « La Bibliothèque », 2001. Le dossier pédagogique d'Élise Dabouis est fourni et très clair.
Jacques Arnavon, *Morales de Molière*, Genève, Slatkine Reprints, 1970.

À propos de L'Argent :
Émile Zola, *L'Argent*, Paris, Gallimard, « Folio », 1980. Le dossier rédigé par Henri Mitterand est éclairant sur les sources et les conditions de rédaction de l'œuvre.

Jean Bouvier, «*L'Argent* : roman et réalité», *Europe*, avril-mai 1968, p. 54-64.

Christophe Reffait, *La Bourse dans le roman du second XIXᵉ siècle*, Paris, Honoré Champion, 2007, notamment p. 331-459.

À propos de la Philosophie de l'argent :

Georg Simmel, *Philosophie de l'argent*, Paris, PUF, «Quadrige», 1987, p. 235-310.

Frédéric Vandenberghe, *La Sociologie de Georg Simmel*, Paris, La Découverte, 2001.

Serge Moscovici, *La Machine à faire des dieux*, Paris, Fayard, 1988, p. 283 et suivantes.

Patrick Watier, *Georg Simmel sociologue*, Paris, Circé, 2003.

TABLE DES MATIÈRES

Dans la même collection

Cet ouvrage a été composé
et mis en pages par Dominique Guillaumin, Paris,
et achevé d'imprimer
par CPI-Hérissey à Évreux (Eure)
en juin 2009
Imprimé en France.

CPI

Dépôt légal : juin 2009
N° d'imprimeur : 111692
N° d'éditeur : 169364
ISBN 978-2-07-030060-0

Pour plus d'informations :
http://www.gallimard.fr
ou
La bibliothèque Gallimard
5, rue Sébastien-Bottin – 75328 Paris Cedex 07